明公啟示錄

解密禪宗心法

從《六祖壇經》行由品談起

范明公——著

二

開卷語

一、此套心法，已於文字之中灌頂巨大加持之力量。

二、只須堅信不疑，恭敬讀誦即可獲無上力量之加持。

三、讀誦之時，身心有不同程度的感應實屬正常，乃感應
交道之現象。

四、信奉受持此書文字，即可獲得強大息災、轉運、祛病、
富貴、滿願之增上緣。

五、信奉受持此書，於現實中必有諸多神蹟示現。

目錄

第十一章

凡所有相皆是虛妄
如如之心即是真實

神秀把偈子寫完了，【便卻歸房，人總不知。】沒讓大家知道，偷偷進到房間了。【秀復思惟】，又在那想，徹夜難眠，這就是凡人。你想想，你是不是凡人？當有點事情對你來講可能很重要，那就徹夜難眠想得很多，思緒就控制不住了，會不會？【「五祖明日見偈歡喜，即我與法有緣，若言不堪，自是我迷，宿業障重，不合得法。」】這些幾天前就開始反覆的想，現在又反反覆覆的想。【聖意難測，房中思想，坐臥不安，直至五更。】五更天都亮了，一宿又沒睡，這樣連續五天沒睡了。

【祖已知神秀入門未得，不見自性。】其實用不著寫偈子，從他這種狀態就已經看出來，神秀跟著學了幾十年，就學了一些助行，勤奮的修助行，本體還是沒有悟到怎麼修。即使五祖弘忍天天告訴他「菩提自性本來清淨，但用此心直了成佛」，他也不知道怎麼放下分別，不知道怎麼練，不知道怎麼改變自己的模式，我們現在的人就是這樣的。

《六祖壇經》其實開篇就講：「菩提自性本來清淨，但用此心直了成佛。」你知道怎麼做嗎？你又做過沒有呢？天天打坐很認真，念佛念咒很認真，但是放下、修本體，你修了嗎？有意識的修過嗎？是不是碰著一點事情馬上就勾起了這好、那不好的分別。

理是理，修是修。師父講再多，自己沒有感覺不行，做事要迅速抓住重點，然後勤修苦練。本體和助行我們反反覆覆的講，大家都在關注助行，因為助行有形，是有為法，好像能摸著、能抓住。一天打坐多少小時，念佛、念咒多少小時，請護法多少小時，護法幫我做什麼什麼……跟萬花筒一樣，特別精彩。但是一說修本體，就是不願修，不是不懂、不明白，是不願意起修。說放下分別，「我就放不下，也不願意放下，那個人就是壞人，這件事就應該這麼做，這麼做就對、那麼做就不對。」其實不是放不下，是根本不想放下。神秀跟五祖弘忍幾十年為什麼不修本體，而只修助行……這個問題需要大家好好想一想。

　　【天明，祖喚盧供奉來，向南廊壁間繪畫圖相，忽見其偈。報言，「供奉卻不用畫，勞爾遠來。」】五祖說：「算了，你別畫了，空白處已經有人寫偈子，那麻煩你了，這麼遠跑來，今天就別畫了。」【「經云：『凡所有相皆是虛妄。』但留此偈與人誦持」】，看這一句評價「凡所有相皆是虛妄」，就已經是否定了，但還是說「先留著吧，讓別人念」，可沒說他開悟了。【「依此偈修，免墮惡道，依此偈修，有大利益。」】這麼修，修的還是福田。修助行的意義在哪裏？破你的業障，增長你的福田，但是和出離生死苦海的修行本意沒有關係。

　　【令門人炷香禮敬，盡誦此偈，即得見性。】這意思就是還沒見性呢，天天朗誦這個以後有可能見性。【門人誦偈，皆嘆善哉。】五

祖弘忍做事還是很講分寸，不是什麼事都任性妄為，不是一見偈子就說：「尚未見性！這誰寫的，什麼啊，沒見性！」五祖就不會這樣。所以這就是聖人，隨順人性人情，外圓而內方。

【祖三更喚秀入堂】，多給他留臺階、留面子，別人都睡著了。【問曰：「偈是汝作否？」】這個偈子是你寫的嗎？神秀說，【「實是秀作」】，「這確實是我寫的」，接著趕緊解釋，但是我【「不敢妄求祖位，望和尚慈悲，看弟子有少智慧否？」】我是否有智慧，就是說你看我是否悟道了。【祖曰：「汝作此偈，未見本性，只到門外，未入門內。」】五祖在私下裏見面時候說的比較中肯，你現在還是門外漢，還沒入門呢。【「如此見解，覓無上菩提，了不可得。」】差得太遠了，還在地上。這還是在說，只知求福田，不知求出離生死苦海。

【「無上菩提，須得言下識自本心，見自本性，不生不滅，於一切時中，念念自見，萬法無滯，一真一切真，萬境自如如，如如之心即是真實。若如是見，即是無上菩提之自性也。」】五祖弘忍天天都在教化他們要自性清淨，天天講無上菩提是什麼，就是聽不明白啊。這就沒辦法了，根性就在那兒，要嘛就是業障確實太重了。「無上菩提，須得言下識自本心」，就是沒有分別，沒有比較，純純粹粹的一下智慧就流出來了。「見自本性，不生不滅」還是在講本性就是本來清淨。

「於一切時中，念念自見，萬法無滯」，修行的有為法是天天打

坐念佛，是有入有出，有坐有不坐，有念佛有不念佛。而真正的修行本體是「一切時中，念念自見，萬法無滯」，還是前面那句話的解釋。萬法源自於何處？萬法在虛空中。宇宙就是個虛空，虛空中又含著萬有。而萬有是怎麼來的呢？虛空中的萬有包括我，包括所有外面的人、植物、動物、山河大地、日月星辰，這都是萬法的顯像。「萬法無滯」，萬法從何而來？是從我而發出的廣大的訊息流，形成了所謂的萬法。萬法即是萬物，萬物在萬法中。「萬法無滯」叫「一真一切真」，這句話非常的重要，「萬法無滯」沒有停留，不執著於任何一種狀態或境界。萬法皆在虛空中，萬法本身就是虛，「色即是空，空即是色」。

怎麼來理解呢？現在借助西方的量子物理學，還好理解一點。量子物理學已經告訴我們：整個宇宙萬物不是真實的存在。現在的腦神經科學已經明確把結論告訴我們：我們所眼見的、感觸到的東西、耳朵聽到的東西不是真正的客觀存在。

有人說：「老師，這怎麼能不是客觀存在呢？我一打書，手就疼了，書還有響聲，然後還有顏色，這怎麼能說不是客觀存在呢？這不就是在嘛！」

說這話的就是不明白這個理。這本書是因何而存在？我們怎麼能看到這是一本書，怎麼能看到這種顏色，怎麼聽到聲音，怎麼產生的觸覺，是客觀的手拍到了書上，兩個實體相撞，又有聲音，又有痛感，是這樣嗎？現在西方腦神經科學已經完全證實了，所有的這一切都不

是客觀存在，所有的一切都存在於我們的中樞神經裏。我們的手是由最基本的粒子構成的，書也是。現在已經完全驗證了，這個手是空的，因為原子 99.9999% 的空間都是空的，原子核和電子的體積才占原子的億分之幾；書也是由最基本粒子組成、也是空的。既然都是空的，碰到的時候，手應該一下就從書上穿過去，但為什麼過不去？不是過不去，是我認為過不去。這太顛覆現實了！

又比如這一面牆，正常來講原子是空的，任何一個人是原子構成也是空的，牆也是原子構成也是空的，空對空，我要穿牆應該直接就會過去，為什麼過不去呢？西方科學告訴我們，唯一的原因是我認為過不去，才過不去。我要認為能過去呢？對了！你要認為能過去，那就一定能過去。以前的穿牆術練的就是這個，有時候你的知見一破，你也就有了各種功能。就像電子遊戲在電腦裏，遊戲裏面有牆，遊戲裏面的人是過不去，但真的過不去嗎？是你設定過不去，不是真的過不去！現實世界也是一樣的，就像在電子遊戲裏面一樣。

有人說：「老師，那這麼簡單，那我認為一定能穿牆，就一定能過去？」理是這個理，你如果真的認為一定能過去，當然就能過去了。但是事實你就是認為自己過不去，因為這是深層的集體潛意識。想破掉深層的集體潛意識，可不那麼簡單。你又說：「老師，我就是要破，我有穿牆術就直接進銀行了，喜歡誰可以直接進她家去，牆和門都阻擋不了我，這不就是嶗山道士！想要錢就有錢，想要美女就有美女，

暢通無礙，多好啊！」別想了，你絕對不敢練這個。你真能穿牆時，有沒有可能不注意的時候直接就穿牆過去了？能穿牆能不能穿地啊，現在你住在三十三層，可能哪天你一迷糊穿地下去摔死了！再想想更可怕：地球本身也是空的，你也是空的，「嘩」直接就從地球出去了，飄在宇宙空中了！可怕不？不要以為那麼簡單就能把集體潛意識破掉，特異功能其實很好練，但你真的不見得想練、敢練。

任何所謂超常的特異功能，一定都有他負面的東西跟著。我們為什麼是常人，為什麼有那麼多屏蔽、遮蔽？現實中的所謂的物理規則，其實都是遊戲中設定的東西，不是真實存在的，只是我認為是真實存在的。引力真的有嗎？有人說：「老師，如果它不是真實存在的東西，那我覺得沒有引力，它就沒有引力了？那為什麼要搞個引力出來呢？我也蹦不上去，也不能做到飛簷走壁。」這是為了保護你！我們之所以是常人，不具備所謂的特異功能，其實是我們生生世世以來給自己找到了一種非常好的平衡，這樣能保證我們腳踏實地的、一生正常的走過。我穿越不了這面牆，動物也進不來，風雨也進不來，牆對我就是一種保護。

你不能打破這個規則啊！規則就是跟萬事萬物都達成協議，「這牆是假的，但是大家約好一致達成協議啊，我也過不去，我要過去必須得符合一定規律，得用比凝聚力更大的力，打破它才能過。注意啊，風啊、雨啊、樹啊、蟲子、鳥啊，大家都達成一致，把牆當真的。」

有人問了：「老師，這是啥時候定的啊？」大家在集體潛意識，最原始的時候就有，意思是我們都在地球玩一個遊戲，誰也別破這規矩，大家都守規則，你弄個無敵模式，無限的彈藥、無限的穿越……一個跟斗十萬八千里，你就破了規則，大家還怎麼玩這遊戲啊！所以在現實中搞神通的死得都很慘，他們破了一些規則，萬事萬物都不可能讓他存在。別去練那些特異功能，所謂的神通好練，但練了以後都有副作用。

神通之所以練不成，一個原因是沒有方法，另一個是有恐懼，真的很害怕的。比如穿牆，你要想練，我可以教你怎麼穿牆，真的能穿過去，資質好一點的三天到五天就學會了，愚笨一點的一年也能穿。但是，你只要敢穿過去一次，下一次絕不敢再穿了。嚇死了！穿過去的當下，內心當中的巨大的恐懼就會出來了：牆能穿過去，都不敢站在高處，三十多層的樓萬一穿下去了，練了穿牆，沒練飛翔啊，引力還在啊，從地上直接穿下去就到一樓了，那是啥下場啊！

所有特異功能都沒什麼神奇的，只是打破了所謂的物理定律。而物理定律本身不是真的，也不存在什麼打破不打破。每一個人都能打破，因為那不是真的！就像遊戲裏面，大家一下子全都變成無敵模式了。其實每個人都是無敵模式，只是為了保證遊戲更好玩，才定好規則誰也別去逾越。沒逾越的、正常的人就壽終正寢；逾越的人，最後大家萬眾一心把他幹掉！所以說搞特異功能的沒一個有好下場的，別

去搞那些東西！

有人說：「老師，我修行最後不是了了分明，然後就有大神通、無漏神通了。」你說的這是有漏神通，叫人打死是因為你還在遊戲內，而且破了規則。又有人問：「無漏神通是什麼意思，成佛了就沒人打了？」對，成佛了就從這遊戲出來了，你就是遊戲的編制者、設計者，這叫無漏神通，你設計的遊戲，怎麼表現都行。修行到那個層次就是「跳出三界外，不在五行中」。你已經是設計者，不受遊戲左右了，想怎麼安排角色就怎麼安排，想無敵模式就無敵模式，想怎麼玩就怎麼玩。

人生是什麼？人生就是一場夢，古人智慧早就已經告訴我們了。我們眼見的山河大地、日月星辰，包括所有的人，都不是實體的存在。「凡所有相皆是虛妄」，這是佛法最根本的理，如果這個理你不通透、想不明白、搞不清楚，後面就學不了，沒法學了。為什麼我前面講，我的弟子到這裏來學三天，下山就能治病了？這都是在這個理的基礎上，這叫宇宙的真相。你如果這些真相都不明白，這些真諦都不知道，還以為人的肉身就是實實在在的，生病了也是實實在在的，還有一個知見是「病來如山倒，病去如抽絲」，那你想把器官功能恢復正常可難了，你就把這個身體當成實有實相、真實存在了。

有人疑問：「那怎麼可能？我這個胃痛、胃潰瘍都已經十幾年了，到范老師這兒來直接幾分鐘就好了，這不是迷信嘛！」是的，你如果

不瞭解這個理，不通達這個理，不知道真相，那就是迷信。但是你真的知道這個理，知道真相，你要想療癒太容易了。

身體本身就不是一個實體。你要知道人和這個世界、這個宇宙是怎麼來的，怎麼運行的。知道這些，你要想調整它就太容易了。本身就不是一個實體，就是一種投射，是一個虛、虛妄，都是你妄想出來的。「凡所有相皆是虛妄」，虛是不存在，只是一個影子，看著好像有，一摸沒有；妄是什麼？影子是我的心投出來的，妄想出來的。

當你知道了這是真諦，你就知道該從哪兒療癒啊。胃痛是不是妄想出來的？十幾年的胃潰瘍，它是真實存在的嗎？也是虛的，是我的心妄想出來的！我知道這個了，就不會從肉體上下功夫，就不會給它吃藥、打針，還手術切掉一半了，你這樣做的一切，不還是把它當成實有的。既然不是實有的，是心的妄想投射出來的，根源在心，只要把心的妄想改變，胃潰瘍就沒有了，胃就好了，是瞬間就好了！

有人說：「老師，不行啦，太神了！你講得東西實在是受不了啦！」那是因為你不懂，這都是大道之理，是我們老祖宗的智慧早就告訴我們了，但是你理解不了啊。你還把疾病當成實有，怎麼治啊？現在西醫中醫，有多少病真的能從根上治好啊？好多病都是隨著時間的推移，自己就好了，怎麼好的也不知道。偶爾的，好像碰巧吃了一副中藥，說是中藥吃好的，不一定！其實是你的心，經過一段長時間後，心改變了，投射出來的妄想的這一段，就過去了。

我們自身有強大的修復能力。可以神奇到，雖然從生理結構上看，按西方醫學理論來講是不可能的，但現實中就有很多的奇蹟出現，很多的癌症、絕症自己就好了，怎麼好的不知道。其實當你知道這個理了，你就知道是他的心變了。所以，「凡所有相皆是虛妄」你天天在念，所有修行人天天都在念這句話，但你真能理解這句話嗎？能相信這句話嗎？

　　你念《金剛經》的時候都可痛快了，「無人相、無我相、無眾生相、無壽者相」，「應無所住而生其心」，「凡所有相皆是虛妄」，「一切有為法，如露亦如電，如夢幻泡影，應作如是觀」。念的時候覺得這《金剛經》寫得真好，結果寫的什麼也不懂，說的什麼意思根本也不想懂，那還修什麼啊，為什麼做不到在現實中救苦救難啊？為什麼做不到修了以後馬上成為神醫呢？不懂這些理，只是打坐念佛，怎麼能做到呢！

　　這是一個龐大的知識體系，可不簡單啊！有太多的定理、定律需要去學習。比如說「念念自見，萬法無滯」，什麼情況下能滯住呢？只有心不暢通，心不通達的時候才會滯住。「滯」叫障礙，所有的障礙都是心的投射，所有障礙著你的，讓你難受痛苦，其實它的意義就是告訴你：心有堵塞的地方，有不通的地方。如果你的心一切都是暢通的，那自性中就能感受到萬法無滯，即圓融無礙，做什麼事情都圓融無礙，全是助力，沒有障礙。

第二節 | 一真一切真　二假一切假

「一真一切真，萬境自如如」，這句話非常有深意，如如之心即是真實。什麼是一真一切真？為什麼不說二真一切真呢？一對應的是二，一真一切真，對應的就是二假一切假！這裏五祖弘忍在告訴神秀什麼是真，什麼是假；什麼是真實，什麼是實相。這一定要分清楚，這是入道之門，與密鑰不同，這是入道中的通理之門。佛法、道法、儒學，是要先通理的，理通了再掌握「鑰匙」，才能進入到東方智慧的寶藏。理通了得有鑰匙，但只有鑰匙理不通，也進不去大門。

「一真一切真，二假一切假」，這就是通理之門，如果這你無法認同、理解，就永遠入不了門。這句話怎麼理解呢？如果你還相信你的眼睛，覺得眼睛看到的一切、耳朵聽到的一切、能觸碰到的一切都是真，那你就入不了門。只有在「一」的狀態下才能是真，在「二」的狀態下就一定是假。

什麼叫一什麼叫二，那三呢？整個宇宙萬事萬物沒有三，只有一和二。「一」是什麼狀態，是所謂太極之前的狀態，天人合一、心腦合一，都是在追求「一」。

整個宇宙萬事萬物，包括人怎麼來的？道家講，無極生太極，太極生兩儀，兩儀生四象，四象生八卦，八卦再推演為六十四卦，然後演化、演化……整個宇宙就是這樣來的，就是從無極的狀態來的。「無

極生太極」，太極只是一個概念，其實沒有這麼一個狀態。先是無極，一起動，中間有一個太極的概念，電光火石一瞬間，「啪」直接就分化出兩儀了，而無極的狀態，就是一的狀態。一旦分出兩儀，即是陰陽，陰陽一出現，萬事萬物就出現了，都是陰陽轉化的，沒有三。

陰陽就叫二元。無極是波的狀態，太極是一個不存在的理論狀態，太極就相當於觀察者的感覺。觀察者出現，波的狀態立刻就變成了粒子狀態。最基本的粒子就是由陰性粒子和陽性粒子構成的，只有這兩種粒子。宇宙萬事萬物是由陰陽上帝粒子，以不同的排列組合構成的，這是現代量子物理學的知識。想把佛學、道法，儒學學好，一定要通達現代的西方量子物理學、腦神經科學，不然理解不了我們老祖宗的智慧。

二假一切假，什麼叫二？就是陰陽。一旦有了觀察者，從波的狀態一下就到了粒子的狀態，整個宇宙、萬事萬物瞬間出現，盡虛空遍法界。出來的宇宙其實是虛的、假的、不存在的，是我們認為它存在，是妄想出來的。每一個人呈現出的宇宙都不同，宇宙的誕生由人而來，人是觀察者。觀察者不同，呈現的宇宙就不同，因為每一個觀察者的心是不同的，他妄想出來的宇宙就是不同的。

「一真一切真」，我們最後要再回歸到真的狀態下。回歸，即是回家。怎麼回家？要先明白怎麼從家裏出來的，是「無極」一下經由短暫的「太極」一瞬間到「兩儀」，就從家出來了。這裏太極就是「一

凡所有相皆是虛妄　如如之心即是真實

念無明」，還是一，但是已經脫離了波的狀態，裏面已經分化。太極裏面分化出來的黑和白不是絕對的平衡，如果絕對的平衡就沒有分別，就又回到波的狀態。每一個太極一出的時候，必是黑和白不平衡，要嘛黑多點，要嘛白多點，這就是分別。這個觀察者有分別，一有分別陰陽就出現，陰陽一出現就有比較、分別，生命就出現了。生命就是我們眼見的這些萬法，萬法就是陰陽基本粒子構成的，不同的排列組合，是投射出來、妄想出來的，所有宇宙的一切呈現的都是我心的狀態。

明不明白先聽下去。要一下就聽明白，你就悟了，也是聖人了。現在聽不明白也沒關係，一點一點熏陶……回去再把量子物理學、腦神經科學的知識自己補一補，這裏沒法講太多基礎知識。一定要瞭解現代的西方的前沿科技知識，目的是為了來驗證我們老祖宗的智慧，驗證老祖宗對宇宙真相、真諦的揭示。沒有現在西方的這些科學的實驗結論，現代人絕對沒法看懂老祖宗的經典，不必說密修之術，就理上都理解不了、通達不了。因為有西方的科學結論作為前提，現在講我們老祖宗的智慧比較容易，基本上能講明白宇宙是怎麼回事。你怎麼解釋「虛」，可看著這本書就是實實在在存在，能碰著能摸著。但腦神經科學告訴我們：所有這些都是感受在中樞神經的成像。宇宙在哪裏？宇宙不是在外面、客觀的，而是在我們的中樞神經裏。

為什麼每個人感受的宇宙都是一樣的呢？不一樣，相似絕不相

同！因為我們的生理結構是相似的，都有相似的中樞神經。但如果一個人的中樞神經受傷，再睜開眼睛看的時候，中樞神經受傷的人看到的、感受到的世界，跟我們可就不一樣了。

我們看到的世界，和螞蟻眼中看到的世界，是一樣的嗎？如果世界是客觀的，就應該是一樣的吧。蜻蜓眼中看到的世界跟我們看到的不一樣，截然不同；狗聽到的世界和我們聽到的也不一樣。人的眼睛能感受到的視覺光譜範圍很窄，大多數的光譜範圍我們都看不見；我們耳朵只能聽到二十到兩萬赫茲之間的聲音，範圍非常窄，二十以下的次聲波和兩萬赫茲以上的超聲波都聽不見。我們就以為，好像我們能看見、能聽到宇宙的一切，我們太渺小了！

為什麼我們的中樞神經不能把光譜放大一點，不能把聲音頻率範圍調大，全都聽到呢？你要知道，放大一萬赫茲，接收的訊息量就得增加多少倍呀，你的大腦根本處理不過來，搞不好就像電腦似的「當機」了！所以什麼事都是最恰當的。我們能看到光譜的範圍，和我們聽聲音的音頻範圍，都是經過多年的所謂的進化或者對地球的適應，都是最佳的狀態。

有人說：「老師，有那些特異功能的人，能看到別人看不見的，能聽到別人聽不見的。」是有這樣人，但那不叫特異功能，那叫有病。人有病了，才會看見、聽見更多的。你想一想，那些人痛苦不？且不說看，就說聽，比如你要長個狗的耳朵，次聲波、超聲波都能聽見，

幾里以外的一點動靜都能聽見，你說你怎麼睡覺？大腦是要過濾的，過濾後能處理的訊息量是有一定限度的，不是無限量的處理，一下那麼多的訊息湧進來了，你怎麼能睡覺，怎麼能靜下心來思考？當我靜下來什麼都不做，或者現在想一個事兒的時候，外面一切都聽不見，大腦直接就屏蔽了，屏蔽是一種保護不是一種罪惡。

不要覺得那些所謂的修行人，說他開了天眼，就什麼都能看見。當你真的什麼都能看見那一天，就是你最痛苦的，都不想活的那一天。不要把這些東西當成你去追求的特異功能，那不是佛要告訴我們的東西，不是究竟的東西。

天耳通和天眼通不是上面那個概念。天眼通不是什麼都看見，不是所謂六維、七維……直到十維全都能看見，也不是陽間、陰間全都能看見。天耳通也不是有人在美國說我一句壞話，我一下就聽見了。那都是胡扯。在美國的說話直接能聽見，打電話不就通了，還用練什麼？如果你練得美國人說話能聽見，那非洲人吵架，動物們吵著、叫著，全在你耳朵裏啊，不就累死你！

我們人現在的構造，能看見和聽見的範圍，其實已經是最好、最佳的狀態了。只需保持你的最佳的狀態，不要去追求那些神和玄的東西，追到任何一樣那些東西都會很痛苦的。就像剛才提到的穿牆，我說了之後你還想練不？小時候看著嶗山道士的時候，羨慕呀！看人家跟師父學了，一下就能穿牆，趁人睡覺正熟的時候，穿過去摸一下就

跑了。你看著有無限的想像：我要學會了，上哪個銀行呢？領導家的大珍珠跟我們顯擺，晚上就歸我了。那聽我說完，現在你還嚮往嗎？不會有人再嚮往了。

所以說佛一再告訴我們，有漏神通不要去練，因為那也不叫神通，只是你練成了以後，就打破了我們的防禦機制，最後你自己不得好死，何必呢！最後被集體潛意識一起把你整死了。大家都是符合規則的，就你不符合規則，還不整死你！所有顯露神通的人都不得好死，這也不是我說的，是佛說的。我們應該練的是「無漏神通」，「跳出三界外，不在五行中」，那才是大神通，才是無所不能。

> ### 第三節｜破假尋真　借假修真

一真一切真，二假一切假，一旦開始分化，形成陰陽就是假，就是投射。而真就在「一」，你找不到一就找不到真。要慢慢理解，「一真一切真，二假一切假」，這就是入道之門、通理之門。你現在一定先從這兒開始修：我看見的、聽到的、感受到的、觸碰到的都是假，從這兒起修。然後你就得去找那個真，找這個「真」的過程，就是修行的過程。

所以修道要找到真我，修那個真我；修儒要找聖人，超凡脫俗的聖人，而聖人就是道講的真我、真人，其實都在找那個「一」；佛法

在找佛，佛的狀態就是「一」的狀態。怎麼能找到真，找到一？學啊！佛開八萬四千法門，就是讓凡夫找到佛，走向成佛之路，成佛即是一，找到佛就找到實相，就找到真我，就找到聖人了。

學儒的目的也是破假尋真，借假修真。身體是由分別而來的，是虛的，妄想來的。但是要找那個真，我離不了這個身體，身體是個載體，假和妄，是投影，所謂離不了是指要借用身體，即藉由投影找投影源。借假修真就是借著假我、投射的我，找到背後真實的我。一真一切真，就找那個一。

「萬境自如如」，一旦你知道一真一切真，二假一切假的狀態，那你就是萬境自如如，萬境皆是相啊。所有相皆是虛妄，不管眼前出現的萬境是什麼，一切都是虛、妄、幻相、投影，那麼想改變就肯定有方法能改變。所有與我相關的人、事、物，叫萬境。萬境自如如，也即是我看一切都是投影，要想改變人與人之間的關係，人與事之間的關係，人與物之間的關係，只需要找到投影源改變一下，境就變了，這就是「境隨心轉」。

境隨心轉是個境界，就是如來的境界。何為如來，什麼叫佛？《楞嚴經》告訴我們，心隨境轉是凡夫，境隨心轉即如來。能轉境，在我身上發生不好的事，我能把逆緣轉成順緣；要害我的人有怨有恨，都能給他轉化成愛；本來有人要打官司告我，這就是外境來了以後，我就能夠轉成與他成為朋友，他就不告了，撤訴了。

有人說：「老師，怎麼可能，那不得透過律師打官司嗎？」錯了！在現實中有人要告你，你去找律師，再去跟他打官司，最後官司打贏了，這叫做虛上加妄、妄上加妄，都是在假上做遊戲，只是你看不透。打官司是不是人與人之間起了衝突？這就是一個境，這個境是怎麼來的？我們首先知道這是假的，是個投影，在這種狀態下才能化解這件事。這個事兒的根源，必是出自我的心有衝突，才投射出來。我的心有衝突，就是真我有了衝突，然後投射到現實中呈現出這個境。跟我打官司的那個人，同樣的內心中也起了衝突，這叫共業。我們共同形成了一個境，他告我、我跟他打官司。其實是我們兩個人的心都有了衝突，形成了現實中的一個共業，但是我們一定要知道這是假相。當我知道這是假相，知道是心裏的真我有衝突，要化解這個假相投影，就去找到投影源，改變投影源，即是找到真我、找到心，化解掉心中的衝突，投影就變了。

　　有人問了：「老師，那你不是得化解人家嗎，那你倆的事你只化解自己啊？」這就是理，共業當中的人，有一個破了，這個共業就破了，我變了，他就變了。也正如兩個量子在糾纏，我不變他也不變，那官司就不停的打，一打很多年，而只要我一變他就必須得跟著變，這就叫量子糾纏，也就是共業的理。我一變，不衝突了，境也就變了。我一變，他一定得變，我們共業一變，現實中打官司的事就平息了。這就是用佛法來化解困惑、痛苦、障礙、衝突的理。

所有的這一切都是「一真一切真，二假一切假」，「凡所有相皆是虛妄」是一個理，只知道這個理是不夠的，知道這個理是為了要用。這個例子就是把佛理應用在現實中，來給我們解決問題。

　　當然又會有人問了：「老師你講得很容易，那我們怎麼做呢？」

　　這就涉及到密修了，密修的鑰匙。得先知道理，理通了再拿到鑰匙，無盡的寶藏就會呈現在你的眼前。你想怎麼用就怎麼用，要財得財，要智慧有智慧，要幸福有幸福，要健康有健康。這就是佛法，能滿足你的一切所願。這必須得有科學的依據、科學的理，不然呈現在現實中只是看到神奇，問題解決了，怎麼解決的不知道。一定得是透過解決別人問題的時候，讓人家瞭解佛的至理，掌握方法，把他帶入修行之路，這才是正道。

　　一真一切真，二假一切假。回歸到一才是真，才是本性。自性本來清淨，只要一念無明一生，分別一起，即是假。假，那我們看到的就是有形了。真又是什麼？如果用現在量子物理學來講，真，亦即波的狀態。波的狀態即是符合「一」的境界。「一」的境界又是什麼樣的境界呢？那就是我們所說的「不增不減，不生不滅，不垢不淨」，既盡虛空遍法界，又不存在於任何空間，既包羅萬象，又空無一物。這就是「一」的狀態、波的狀態，無限可能。

　　一旦有了觀察者，就有了分別，一觀察有分別，馬上從波的狀態變成粒子的狀態。到了粒子狀態，其實就是看似有形，眼見的山河大

地、日月星辰，聽到的、感觸到的這些，其實都是假。這是修道從理上入門的第一步，通達這個理就能做到萬境自如。

什麼叫萬境自如，萬境從哪裏來的呢？萬境其實就是所謂假，就是從一衍生、演化而來，由一演化來的就叫一的投射。現代量子物理學所表述的，其實就是這個道理。當你知道我們眼見的一切，都是幻相，都是虛的，都是自己妄想出來的，亦即是心投射出來的，那你就不會給它當真了。當你不當真的時候，你就能掌握它的規律，即使假，假也有它的規律。

怎麼叫規律呢？無極即是一的狀態，無極生太極，太極生兩儀，兩儀就是假，兩儀就是二，即陰陽。一向二的投射是有規律的，二如何變成三，三如何能生萬物，這是有規律的。你必須要掌握這個規律，但是你首先要知道它是假，知道它是幻，知道它是虛的，是妄想出來的。既然是假的，是個投影，那它就能改變，所以這叫萬境自如。

如果它是一個實體的話，比如這就是一本書，是一本實實在在的書，你想改變它很難。但是如果它不是書，它只是一個投影，只是一個影子，那我想改變這個投影，就要找到投影源。二假一切假，二的狀態就是從一的狀態投射出來的，它的投影源就在一。每一個「二」一定有對應的「一」，找到一的狀態，也就是本體、投影源。把投影源改變了，投射出來的投影就一定會改變，這就是萬法通理。

那佛法要找什麼呢？要到那個無餘涅盤，要找那個天人合一，我

們要心腦合一，天人合一，我們要找那個一。道家、道法找的是什麼？道法找的是太極、無極的狀態，太極是圓滿狀態，無極就是無為的那個狀態。其實還是要找回那個一。無極到了無為那個狀態，無為而無不為。這個無為絕不是什麼都不做、什麼都不想，消極怠工，而是順其自然，就是隨順。這個無為的狀態，就是佛法講的天人合一的狀態，即是佛法的所謂佛的狀態，亦即是我們本體、本性的狀態，亦即是清淨的狀態。

自性本來是清淨的，這個清淨的狀態就是道法所說的無為的狀態，亦即是儒學要找的中庸的狀態。中庸是守中之道，亦即陰陽平衡，當陰陽平衡以後，即是道家無為的狀態，即是佛家的天人合一的狀態。所以說，儒釋道都是在找這個一，找到了一，就找到了本體，找到了實相。

所有我們眼見的一切相皆是虛妄。這即是說，我們眼見的、感知到的宇宙萬事萬物，包括人事物都是虛相，不是實相，實相只有那一個。就東方來講，就是找一，我們找到一，就找到一切的根源，就能改變現實中的一切。因為現實中的一切，都是來自於一，都是來自於自性。

那麼西方和東方有沒有共同之處呢？西方信上帝是一切的創造者，是一切之源。我們東方的智慧講無極生太極，太極生兩儀，兩儀生四象，四象生八卦，萬事萬物由此而化生。道生一、一生二、二生三、

三生萬物，也都是從無極或者都從一中來，是一回事。

　　東方的天人合一和西方的上帝是一回事。東方我們講一切都是由一而生，由無極而來，一切唯心所造。而西方講一切都是上帝造的，包括人的生命都是上帝造的。西方符合一真一切真，二假一切假嗎？當然了，上帝就是一，就是無極，就是無為那個狀態。上帝一分化，分化成伊甸園裏的亞當和夏娃。亞當和夏娃就是二。上帝不讓他們吃智慧果，吃了就不能在伊甸園待著，就會墮落。

　　但是當上帝出去玩的時候，蛇騙夏娃，說上帝不讓你吃智慧果，是因為你如果吃了這個智慧樹上的智慧果，你就有智慧了，你就是上帝了，上帝怕你成為它，所以不讓你吃。夏娃受蛇的欺騙，你上帝越不讓吃我越吃，結果這吃了之後，發現有羞恥心了。本來亞當和夏娃是光著身子的，無拘無束，伊甸園裏就他們兩個人也沒必要穿衣服。吃了智慧果以後，就開始覺得光著身子不好，太醜了，有羞恥心了，就用樹葉把自己下身遮上了。然後，她又讓亞當也吃了智慧果，亞當吃了之後也是一樣，覺得這樣不穿衣服多醜啊。

　　是不是吃了智慧果之後，就有分別、有美醜、有對錯，就有比較。一有分別、有比較，馬上伊甸園就變了，有了美醜、對錯，後面就會繼續有善惡、好壞……等等。上帝回來一看，他們穿上衣服，馬上就知道了。所謂他們有智慧，其實那不叫智慧，那就是有分別。上帝說你們不能在伊甸園待著了，你們得墮落人間了。

西方的這個伊甸園造人的故事，和我們東方講的是一個意思。其實完全是通達的，都是同一個意思。你本來在伊甸園那是天堂，享受無盡的自在，無憂無慮，特別開心快樂，天天只知道玩耍，一旦有分別，你就墮落了，你就降到人間是個凡人。所有西方的修行者，都要修重返伊甸園，重返伊甸園和天堂是上帝在的地方，其實本來人就在那裏。

　　重返伊甸園也叫回家，要找到回家的路。那麼，西方的修行怎麼能找到回家的路？倒推唄！那你怎麼從伊甸園下來的，你就按照那個往回找。現在已經吃了智慧果，讓我已經有了分別，已經有了比較，我就每天修習放下分別和比較，就一點一點回到伊甸園了。

　　沒有美醜之分，我就沒有什麼羞恥不羞恥了，我的狀態就是完全本真的狀態，本來我是什麼樣，本性就是清淨的，就沒有什麼對錯、美醜什麼這些，那我根本就不想穿不穿衣服。這種狀態其實就是我們的自性本來清淨，但用此心直了成佛。我們說成佛是到了極樂世界，到了天堂，或者說我們上到佛淨土，其實那就是西方所說的伊甸園。所以，東西方其實都是一回事，修行的方法都是一回事。

　　在聖經的故事裏面，一開篇其實就是結尾。聖經故事的開始就是上帝創世紀，然後是亞當、夏娃的故事，之後人類的繁衍，人類怎麼墮落人間的。所以，整個聖經故事開始即是終點，後面都是在講怎麼回歸伊甸園。東方傳的也是這個意思，東方西方沒有什麼差別，你要

覺得有差別，是你有分別心。其實沒有高低上下，沒有對錯，在最高的境界，都是一回事，起始、結尾、最後的終點歸處都是一回事。我們不要有分別心，不要去分別它。

第四節｜禪定解脫

　　講了這麼多，我們也知道不要分別，一真一切真，但用此心直了成佛，也就是直心是道場，盡量放下分別。可是怎麼做呢，要怎麼放下呢？現實中的習性和慣性，生生世世以來，都已經不受控制。事情一來，馬上就相應，而這種相應是馬上就開始分別。卻不是事情來的時候，直接用本性、本能去應對，做不到那種狀態。那怎麼辦呢？這就是我們之所以修行的原因啊。

　　古今中外的歷史上，最有智慧的人都走向了這條修行之路，只是東西方叫法不同而已。中國叫修煉，西方叫鍊金術，其實都是透過修行，回到最初的、原本的狀態。

　　什麼是修行，我們先把理講透，再講授怎麼修，學習修的方法。我們已經講了本體，助行助修，這是一內一外，一個是主一個是輔助，但是方法沒有講。修的方法也就是放下分別的方法。

　　講授修行，不能只講一句「修行本體就是放下分別」。然後轉身走了……關鍵是怎麼放下分別？其實整部《六祖壇經》都在講如何放

下分別，真正修的是「禪定解脫」。修禪定，即修本體。禪定不是市面講的四禪八定，那叫助行，那樣你放不下分別，你越在那打坐，你越分別，越四禪八定，越會考慮我現在到幾禪了，現在到幾定了，我現在什麼境界？四禪八定從觀呼吸開始，然後開始止念，最後到了非想非非想處天，就到四禪八定的最頂了，再上不去了，四禪八定再上去你就瘋了。這是釋迦牟尼佛祖說的，他就按這種方法修到四禪八定的最頂後，發現並不究竟。

四禪八定，修的就是現在市面上所謂的超級冥想、觀呼吸、止念，這些方法，就在修四禪八定。一上坐就開始入定，修所謂的靜慧，有的修鬆靜定、戒定慧。現在好多都按這個來修，身體放鬆下來，然後靜，身體靜下來，靜到一定程度開始定，定有深有淺，然後看定多少小時，達到什麼境界，到一種定境等等，都是胡扯，如果那樣修的話，你就修瘋了。六祖惠能在《六祖壇經》後面會講到，那是我們自己凡人理解的定，那不是真正的定。有出有入就不叫定，那是分別的定，叫「有漏定」。我們要修，必須修「無漏的定」，這就是學習《六祖壇經》的意義所在。

第五節│戒律非繩索　佛法是活水

還有些人修行，修戒定慧，必須得先戒，怎麼戒？入佛門五大戒，

不殺生、不邪淫、不偷盜、不妄語、不飲酒。不飲酒就是指，像毒品的一樣使人上癮的物質，不要去碰。先這五大戒，從這兒開始戒。然後戒「貪嗔癡慢疑」，然後再三百多個小戒，又有幾千個諸如菩薩戒、這個戒、那個戒……這天天給自己捆著，每一戒都是一個繩索。

不殺生，看見螞蟻也不會踩，走路的時候小小心心，千萬別踩著螞蟻。但這是你的眼睛能看到螞蟻，而你看不見的生物多了，這樣的話你就別走路了。不走路也不行，往這一坐屁股底下那都是眾生，你一下壓死多少眾生，坐也不行了，那怎麼辦？躺著，躺著壓的更多。說不殺生，牛羊、動物、人這些都不要去殺，螞蟻也不要去殺，你能做到嗎？能做到絕對的不殺生嗎，不可能！不殺生不是那個含義。結果這麼學下去，把那些佛教徒都學成手無縛雞之力，就剩一片仁慈之心了。

所以，日本鬼子在打進來的時候，我不殺生啊……那他要殺你呢？殺我可以啊，我以身試虎，我以身試惡，那是我前世欠他的，所以他這世來殺我，如果我不欠他的，他不可能殺我，因果輪迴，所以殺我就殺我吧。中國人全是這個樣子的話，那中國就要滅，中國人這個民族就得亡。如果都這麼學佛的話，那中國就是最弱小的。

抗戰的時候，和尚們特別糾結，不知道該怎麼辦。日本人打過來了，殺我們的同胞，侵略我的國家，國將不存，我如何修行！當然了，如果他認為自己境界高的話，那國家跟他有什麼關係啊，在中國當和

尚修行，被日本侵略了以後，他們做日本和尚也一樣修行。所以，和尚非常糾結，不知道該怎麼辦。周恩來去視察那個廟的時候，主持方丈就帶領和尚們問周恩來，那個時候他還不是總理，是共產黨抗戰領袖。和尚們問他，我們應該怎麼辦，到底殺不殺生，我們天天念佛，不讓我們殺生，現在日本鬼子來了，我們還有點受不了，保家衛國跟修行到底怎麼平衡。他們這就是沒修通，理都不通，不能殺生，別人殺你，那就是大慈悲嗎？中國人對戒律都這麼理解的話，中國必將滅亡。

歷史上大興佛法的四個朝代，沒有一個有好下場，沒有一個是國家興旺發達的，都是亡國。為什麼？那不是佛法的錯，就像那個梁武帝一樣，他把佛法理解錯了，他認為佛法說不殺生就是什麼動物都不能殺，什麼生物都不能殺，他不理解什麼叫不殺生。周恩來只跟和尚們說了一句話，「別想那麼多！上馬殺敵，下馬讀經」，就這麼簡單。和尚們悟了！其實悟到的是什麼呢？就是告訴他們要放下那些戒律，不要被戒律束縛著。

你所理解的戒律，不是佛祖講的戒律的意思。戒律不是不讓你幹什麼，你就絕對不可以幹什麼。哪一樣戒律你能絕對的做到？不殺生，你不殺牛不殺羊、不殺動物、不殺人，你就能叫不殺生嗎？其實你天天都在殺生。有些人吃素，是因為持不殺生戒。你不吃豬、不吃牛、

不吃羊，不吃動物只吃白菜，白菜不是生命嗎？說白菜是低級生命，動物是高級生命，那這樣是不是有分別心呢？作為一個佛教徒，低級生命可以吃可以殺，高級生命不可以殺，那你是佛教徒嗎，能做到眾生平等嗎？菜也是生命，為什麼吃菜你就心安理得，你把白菜從地裏拔出來，然後再切它的時候，它哭不哭？它有沒有恨？你殺豬殺牛的時候，豬哭牛哭，牛有恨豬有恨，那白菜有沒有，土豆有沒有？如果那樣不殺生的話，你什麼也別吃，就喝白開水。而佛還說了一碗水裏面有八萬四千生命，那佛喝不喝水呢？

偏執的理解佛理，好像自己在修行，在苦行，結果現實中都不知道怎麼做事了。你學佛是為了解脫，結果你入佛門，五大戒律就是五大繩索把自己綁住。然後再貪嗔癡慢疑，又綁住了，後面三百六十五小戒，繼續不斷的捆綁自己。本來是求解脫，結果全身上下給綁得死死的，叫什麼解脫啊，是來求束縛的。

不是佛法不對，是沒有明師指點，你聽到了這些名詞，「貪嗔癡慢疑」得戒，「殺生、邪淫、妄語、飲酒、偷竊」，說這些都不好，我們得戒，那就不能幹，這叫凡夫理解聖意，以凡夫的心去理解聖意，以凡夫偏執的、自認為的、所謂對的東西，往聖人的智慧上去安。你就是個凡夫而已，不要褻瀆聖意，不要誹謗聖意。佛祖不是那個意思，那都是你理解的錯誤。

妄語，那就是一句假話都不說嗎？你只說真的？那看一下五祖弘忍，從《六祖壇經》開頭一直到現在講的部分，是不是經常講假的，那他是聖人，怎麼開口就騙人呢？神秀的偈子的確未見性，如果五祖不妄語的話，應該直接當眾就問：「這是誰寫的，這樣不把人導向落入惡境嘛，把人帶偏了啊。這是誰寫的，什麼東西啊！」這是真實的情況，能這麼說嗎？照這麼理解，五祖弘忍是天天打妄語，跟六祖惠能說話，偷偷摸摸走的背後說：「其實，我就是怕他們害你，所以說我才故意罵你。」這不是妄語嘛！

什麼叫打妄語？怎麼理解呢？什麼叫戒呢？不理解，結果現實中就有人所謂不打妄語、內外一致，內心和言行一定要保持一致，我們從小也都受這樣的教育，結果在世俗當中處處碰壁。修行人是要大解脫、大自在，但是結果卻被戒律給綑得處處碰壁，就會非常困惑，不知道該怎麼辦。你連現實生活中的一些常識、善意的謊言都不會用了。老婆早上在家打扮了半天，花枝招展的問你：「老公我漂亮嗎？」你說：「整得這大紅嘴唇，跟血盆大口一樣，一點兒都不漂亮。」聽你這麼一說，老婆這一天都不開心。你還問：「老婆怎麼了？我是直心是道場，我入了佛門了不能打妄語，有什麼我就得說什麼。」

你如果這樣修，修到最後會為世俗所不容，連世俗都不容你，你還能修什麼。我們在世俗要修的就是圓融無礙、隨順眾生。為什麼隨

順眾生？為什麼我們修行人要掌握人性，掌握人情呢？看五祖弘忍，他把人性人情掌握的多好，多麼圓融。任何一個成功者一定都要去掌握這些，要內方而外圓，你怎麼做到啊！

現在很多學佛的人，都把佛學死了。本來是一潭活潑潑的活水，上有來處下有去處，水不斷的更新換代，能保持清澈見底，只有流動的活水才能保持它的那種清澈。真正的佛法是活活潑潑的，保持它的清淨，但又是流動的。如果像我剛才說的那種死學佛，那就是一潭死水，死水就會逐漸變成臭水，最後就得發黴，裏面滋生的都是細菌，所以不能那樣去學佛，也不可以那樣學佛。

我們講那麼多，其實就是講修行修本體。簡單的很，不管古今中外修的本體，回家的路只有一條，就是放下分別。但是要想修成放下分別，就是大學問。古今中外，多少最有智慧的人，都在研究這個學問，都在走上這條路，但是 99.99999% 的人，想走上正路，結果走上邪路，或者走上歧路了，想成佛，結果都變成魔了。學佛成佛的太少，學佛成魔的太多了，歷史上比比皆是。為什麼？都是因為沒有明師指點，自己盲修瞎練的結果。

修行路上步步陷阱，步步是坎，步步都是荊棘，甚至是深淵，那不是一般人能走的。大家都嚮往走上這條路，但必須得具備我前面講的緣、信、願、行，行是最後。無緣，不要走上這條路，做好你的人，

你認為什麼是好人，你就做，做好這個好人就可以了。你認為什麼是善，那你就按那個善去做，你別談修行。未遇明師，罔談修行。否則真的是步步陷阱，你想修行，最後卻連人都做不好。

第十二章

識善惡明是非
合顯密通天地

「老師，不至於吧，修行哪有那麼難，我就做好事，就行善還不行嗎？」行善得知道什麼叫善，你想一想什麼是善和惡。如果善惡分不清的話，是非就不明。從小到大你都覺得在做好事，都覺得在行善。現在我就問大家一個問題，你好好想想什麼叫善？再說一下什麼是善，你每天都在做你認為是行善的事，其實那些真是善嗎？自己寫一下，善是什麼，給善下個定義。

中國人基本上都在奉行一條做人的準則，叫止惡揚善。我們每個人都在這麼做，每個人都覺得自己是行善的好人，每天我們都在反觀自己，都在反省自己，反省自己的那些惡行、惡的想法、惡的思維，要給它去掉，要把善行發揚光大，這叫止惡揚善。但問題是，你得先知道，什麼是惡什麼是善啊。你先拿筆寫一下，或者當我這樣問的時候，你馬上脫口而出，說什麼是善。如果周圍有人的話，就跟周圍的朋友、同事、同學、家人，馬上問他們一下，什麼是善？

你真的多問一些人，你會有一種毛骨悚然的感覺，你會有一種特別害怕恐懼的感覺。為什麼？每個人說的善都不一樣。你認為的善，和你媽媽認為的善，和你爸爸認為的善，和你兒子認為的善，和你同事認為的善，都不一樣。每一個人都對善都有一個理解，這就有問題了。善難道沒有標準嗎？有的人說做好事就是善，那什麼叫做好事？

還有人說，幫助別人就是善，只要幫助別人就是善嗎？有人說分享就是善，把好東西都分享出去，那叫善嗎？

你就會發現，你所謂的善就是碎片，而你仔細一想的話，那根本就不是善，每一個人說出來就全是碎片。善和惡是對應的，如果好的東西我分享給別人就是善，那不分享就是惡了嗎？但那樣對嗎，是善嗎？你把自己優秀老公分享給別人嗎？分享給你閨密嗎？不分享你就惡嗎？有人說：「不能那麼絕對！」可以不絕對，但到底什麼是善呢？我講經說法這麼長時間，我的學生弟子成千上萬，我問大家什麼是善，讓每個人僅回答什麼是善，這麼多年了，就沒有一個人能夠回答正確，全都是自己的感覺。

善惡不分，你是非能明嗎？你平時做事是不是以善惡為標準？要止惡揚善，要做好事，這樣才能積功累德，有了好因才有好果。中國人從小到大，都接受這些教育。但可悲的是，現在中國人居然善惡都不分，西方人更不分。這是怎麼了？

善惡不分是非不明，就不知道什麼事應該做，什麼事不應該做。善惡不分，做事就沒有標準。我們認真想一想非常可怕。為什麼？不只是現在東方人不知道善惡，西方人也不知道。這說明一個問題，說明末法時期，整個人類墮落了。

有人說：「老師，才不是呢，現在研究傳統文化的那些人，那些教授講得可明白了。」好的，研究國學、研究傳統文化的大學教授，

廟裏的高僧，你去問一下這個問題，什麼叫善？你聽他怎麼回答。如果他連這個問題都回答不了，或者跟你回答的一樣，那他的境界就跟你一樣。他肯定善惡也不明，是非也不分。

善惡是為人之本，為人之本都不清楚，還研究什麼宇宙至理。修行是一個大體系，是一個圓，是一個圈。修行人你得通達為人之本是什麼，為人之本是善惡，你把善和惡分清楚了，然後為人你就有目標，是非就明瞭。然後你再以這個目標去做事，你才能走上一條做人的正道。就是說做人，先分善惡，清楚什麼是善，什麼是惡。

怎麼搞清楚啊？這個問題你問問你的師父，如果他是明師，他一定會指點你，會告訴你什麼是善，什麼是惡，而且那不是他自己編出來的。現在所有的所謂的名師，都是自己感悟，你一問師父，他自己有一大套理論跟你說。你是聖人嗎？你說的那些東西經過驗證嗎？天天你告訴徒弟們，善是什麼惡是什麼，那是你認為的。真正的明師還有一個標準，明師一出口，他所有的理，都不離聖人的經典，這是標準。明師絕不是信口雌黃，信口開河，絕不是講他理解的宇宙，他認識的怎麼為人、怎麼做事，宇宙的規律是什麼，這麼講的現在還是凡人。

聖人的思想，聖人的思維模式，聖人對宇宙的認識和看法，聖人對宇宙規律的解讀，是完全一致的，也只有一條，真理只有一條。不管是古代的聖人還是現在的聖人，他說的理一定都是一，絕不會有二。

當說到善的時候，絕不會有第二個答案，即使有第二個答案，那也只是另外一種解讀，但是含義一定是一個。如果說出兩個含義，那一定有一個是聖人，一個是凡人。凡人對任何問題的答案，都是各有各的答案，聖人對任何基本問題的答案都是一個，通向羅馬的正路其實只有一條。

所以當你問師父什麼是善，你師父跟你說了一堆，要做好事，要幫助別人，做事的話至少要保證利己不損人……說一大堆，那都是他自己的理解。你馬上就要把你師父說的這一堆，去找聖人的經典對照，或者當你師父一說的時候，你馬上就問一句：「師父，您說的這個，在聖人的經典裏有出處嗎？」如果沒有，他就自己在胡扯，是在誤導弟子們。

現在誤導弟子的師父太多了，所謂遍地邪師。邪師不是說他壞，就想騙財騙色。邪師是指他把人教歪了，他可能特別的道貌岸然、儀表堂堂，既不貪財也不貪色，但是他跟你講的是歪理邪說，這樣的更恨人。這樣的邪師，大家都特別忠心的跟隨著，因為他品行端正，所以就看見了他的一個好，就認為他的理也都是正的，結果被帶到邪路上、帶到懸崖、帶到深淵、帶到地獄去了你都不知道。所謂地獄門前僧道多，那些僧道不是為了騙人，是他自己也不悟正理，自己都不通達宇宙自然的真諦，怎麼教人啊！自己先悟明白了再說，不然教人都叫誤人子弟，這叫毀人慧命。

為人必要通達善惡，這是為人之道，也叫為人之本。我要修行，要知道修行之本。我要做事，必須要知道做事之本，做事之本必要知天地。有人說：「老師，天地誰不知道啊，上有青天，下有大地。」我說的天地肯定不是那些。孔子在《周易‧繫辭傳》上傳，開篇第一句就是：「天尊地卑，乾坤定矣。」天地定位，乾坤才定，基本上所有研究國學的，研究儒學的，修行的人，都把這句話直接就順過去了。但是要知道，對聖人的經典來講，沒有一個字是廢話，他不會寫一個空無的理論，或是僅僅感嘆一聲，絕對不會。一個天地，一個乾坤，所有孔子的《周易》解讀，就是對這句話的解讀。

　　你說你研究周易已經多少年了，有多少傳承，但我就問一句：天是什麼，地是什麼？後面都不用問了。有人說：「老師，不說青天白雲，肯定不對。那自然規律就是天。」自然規律是天，太虛了！自然規律是天，那什麼是地，天對應著地，你解釋一下地。天不知道是什麼，地不知道是什麼，就乾坤顛倒，乾坤錯位。什麼周易、風水根本學不了，拿個指南針看，這是南，南應該如何如何，這是東……騙鬼呢！天地你都找不著，你找什麼東西南北。可以確定，天地你都找不著，北你一定找不著。有人說那指北針不就指的是北嗎？錯了！那是地球的磁場，你以為那是我們要找的北啊？根本找不著北。所有研究易經的，研究風水的，你都要先找著天，然後你才能入了那個門。

　　我講的，包括前面的內容，都是顛覆你所想的。你想的都是凡夫

的思維，都是凡夫的觀念，凡夫認為是這麼回事，你也認為是那麼回事，你就是個凡夫。別看你拿著經典、拿著易經，天天背、天天研究，都是用凡夫的思維，自己想出來的東西，那叫妄想。你必須得有明師指點，把這些基本的東西都指點透了，你才可以起修。什麼是善惡，什麼是天地，什麼是陰陽，什麼是乾坤，什麼是三才，何為四象，何為五行……現在有好多所謂研究傳統文化的人，居然對五行的理不認同，還貶低五行，說「我們古人認為世界上所有的萬事萬物，是金木水火土這五大基本元素組成的，萬事萬物組成元素多了，哪就那五種啊，肯定是錯的。」什麼都不懂，就妄自尊大的在議論古人！你知道五行是什麼嗎？現在有幾個人能把五行說清楚了。又說了：「五行怎麼說不清楚啊，五行就是生克等等那些東西。」那個是表相，我問五行的本質是什麼？陰陽到底是什麼，五行到底是什麼？這些都是在知天知地了以後，你才真的能知道陰陽五行，你才真的能知道三才四象是怎麼回事，你才真的能夠知道古人傳給我們的這些五行星象。

古時皇帝身邊都有占卜師，都有星象學家，星象家一看星象就能看出來，說：「皇上，現在雲南這個地方，過三個月左右，要有一個人出現，這個人要叛亂。」這是從星象上看出來的，那星象在哪兒？是不是在天上啊？那你先告訴我天在哪兒？你說那肯定是晚上的時候，沒霧霾的時候，然後用望遠鏡觀察星星。不是那麼回事。天都找不著，你到哪裏找星象。天絕不是你以為的那個天，絕不是那個滿天星斗的天。

天在哪兒都不明白，你還學什麼道，學什麼佛，學什麼儒學，學什麼周易，學什麼風水。天地你都分不清楚，你學什麼都入不了門，學醫都不行。現在假東西太多了，各處打假，我說修行界更應該打假，自己什麼也沒修出來，也沒有明師傳承，就四處開班講課，這不是騙人嗎？連善惡都不分，連天地都不分，不知道天在哪兒，地在哪兒，能知道什麼呢。傳什麼梅花易數、奇門遁甲，天都找不著，北都不知道在哪裏，還以為是指北針上那個北，所以就會時靈時不靈，怎麼靈的不知道，怎麼不靈的也不知道。只是看古書上是這麼說，但是孔子說「書不盡言，言不盡意」，你看不懂那個書，沒有明師指點，你什麼都不知道。在沒有明師指點的情況下，你一修就是錯，就不要走修行之路，好好的做個人，把人做好。

第二節｜聖人思惟顛覆　自古鳳毛麟角

即使你跟上明師，也不一定能聽懂。不是說我跟上明師了，我就一定能修成。錯！有了明師，只是一個緣字具備，還有信、願、行呢。五祖弘忍是明師，那他教出來的徒弟，真正能領悟他這一套智慧的就一個惠能。像神秀那一千多弟子跟他學幾十年了，一個都沒學出來。你有明師，只是一個必要的前提，有了明師之後，是你自己的根性，你自己的信、願、行。

有沒有堅定的信？你既然得遇明師了，會不會質疑？質疑心一起，就什麼都得不到了。自古真正能夠得到真傳，能夠修出真東西的，必是堅定的信，同時有願，然後勤學苦練，下苦功夫，只有這樣才能有所成就。

　　有明師是必要條件，那只是基礎、是前提，不代表有了明師你就能成。所以自古以來，修行的人多如牛毛，但是修成的人鳳毛麟角。一定要明師再加上自己的努力，信、願再加上不懈的努力，而且還得有根性，不叫天賦叫根性，這樣才能成。

　　有人說老師這太難了，那不學了。不學就不學吧，沒人求你學，本來修行路上就是千軍萬馬都在找獨木橋，找到獨木橋了，你還得堅定的走過去。真正明師的獨木橋不是就在你眼前的，這個橋還是在雲端、在霧中，你沒有堅定的信心，走不上這座橋。就算走上以後，前面全是濃霧，若沒有堅定的信心不可能穿透濃霧，如果不堅定的相信下一步一定能踩到橋上，你絕對不敢走過去。

　　你沒有大願的話，就會退卻。沒有信不敢走，沒有願你就得退。你說我就求一點小財，何必冒這個險。什麼險啊？修行路上得有那種粉身碎骨的勇氣，走上這條路，粉身碎骨都不怕。你沒有大願在引領，你可能嗎？碰點小挫折、小磨難你就退了。修行人太多了，發願修行的人太多了，但是 99% 都退了。修行路上歷經磨難的時候，信心就會受損，沒有大願的話根本支撐不了你走到對岸。

明師會講清楚「一真一切真，萬境自如如，如如之心既是真實」。基本上到你真正修行以後，你才發現所謂的真實，和你認為的真實基本都是反的。因為你是凡人，用的是凡人的認知觀念以及思維模式。有人說了：「那我認為對的都是錯，難道反過來就是聖人嗎？」對了！所以歷史以來，聖人、真正得道的人，太稀少了。

　　凡人認為一本書是真實的存在，聖人認為不是真實的存在，同樣凡人認為的善，聖人的思維正好相反。你認為的善反而不是善，在聖人的認知中那不叫善，那叫惡。反過來說，凡人都想做好人，那是不是魔、壞蛋才是聖人，大壞蛋都跟凡人反著。錯了！凡人根本不知道什麼是好人，不知道什麼是善人，他以為他在做的善事，但是其實他在行惡。連善惡是什麼都不分，你怎麼能夠分出來是非呢？做事就錯，一做就錯。而聖人是看透了事物的本質，看透了宇宙的規律，包括這些真諦。看透了以後，他做出來的事，他的認知、他的觀念、他的思維、他的想法和凡人絕對不一樣，那才叫聖人。

　　為什麼修成的人鳳毛麟角，如果凡人認為對的就都是對的，那世界上遍地不都是聖人了嗎？所以說你要注意，你的想法、你的思維、你的認知和周圍的人都差不多，你就是個凡人。別以為看了多少經典，學了多少書，那都沒用。聖人的思維跟你比較，絕對是顛覆的，《六祖壇經》接著學，你就會知道什麼叫顛覆。

這裏我講的都只是理，不可能公開教你密修的術。你聽明白這個理，先把認知轉變了，也就是說先把自己從凡人的認知，一點一點慢慢轉化成聖人的認知。認知先變，認同老師這就是聖人的理。在認同的前提下，你再有機緣，再學密修的東西。

我們現在是把顯學這一部分，以及心法這一部分拿出來公開，公之於眾。但是有多少人看了以後有感應，然後認同，想跟著走下去，想跟著學下去，再看機緣能不能學到密修的東西。密修都是什麼呀？所有的修行人，為什麼理要通透，為什麼要修那些術？就為了現實中我們要用！改變自我，把我的命運、別人的命運都要改變，不僅僅是命運，真能把這套東西學好了，又能做到什麼，怎麼用呢？

古人說有玄學的五術，「山、醫、命、相、卜」。前面講了，不管學佛法、道法還是儒學，學好了以後一定都是神醫，不是神醫就是沒學好。包括基督、包括聖經，你學明白了，一定是神醫。古蘭經學明白了，一定也是神醫。這叫通理，這些學明白，真的走上正道，學的是真東西的話，你一定通達「山」。

「山」是什麼？涉及到真相的東西怎麼講呢？什麼叫涉及到真相，可能大家不太理解，真正把這些都學明白了以後，「山」不僅對現實世界會有影響，同時靈界，精神領域、冥界這些全得都通達。你不僅把人、人情人性搞清楚，還得把鬼情鬼性、神情神性搞清楚了。有人問：真有鬼神嗎？連這個都不知道的話，那你根本就不知道你在學什麼了。「山」就是斬妖除魔，行符畫咒，那是陰陽兩至。

真正的學不是只學理，學了那些理，再加上密修的術，我的弟子們下山了以後，就相當於道士下山，就能去做「山醫命相卜」。山，下山之後斬妖除魔。學多長時間能斬妖除魔啊？一星期足夠了！有人問：「老師，怎麼能斬妖除魔呢，什麼叫斬妖除魔呀，這不是迷信嗎？」你要說迷信的話，那你就是迷信，你不懂什麼叫斬妖除魔。斬妖除魔的前提是什麼？不是拿桃木劍下山，然後會寫一個咒，聽說哪家家宅不安，就給人家門口貼兩個符，念幾聲咒語，拿個桃木劍比劃比劃就行了，告訴人家鬼走了。結果你走了之後，鬧得更凶。

「山」就是學開天眼的方法，學五眼六通，得能看見鬼神，然後你才能處理他。斬妖除魔，你得能看見妖魔。你以為是電影裏演的，大魔獸一下就站在面前，妖來了，然後道士跟他打，又砍又砸的。那就是不懂，那是在現實中處理嗎？理都不懂，都不通。要想通達，必是「山」通了以後，才是「醫、命、相、卜」。「山」不通，其他那

些都不通。天眼沒開，五眼六通沒有，「醫」也搞不明白。有人說：「老師，五眼六通太難了，那不是成佛了嗎？」問這問題，都是不懂。

「命」，命理命相，一看就能知道，你整個的命相運勢，怎麼能一看就知道的？古書上很多，那些命理命相、大六壬、梅花易數等等……但是，天眼沒開，別研究那些東西。你睜著一雙凡眼，這叫肉眼凡胎，別說大六壬了，你什麼都看不見！在這裏提醒一下，很危險的。好多人命裏面都有重大的冤親債主，都有很大的業力在克制著他。你給人家看病，都不用說給人破了那個命，你就給人看了那個命，都有可能把冤親債主惹著，回過頭來反噬你。就是一雙肉眼凡胎，你別惹這些事兒！好多人給人家算命，一下碰到那種命運特別衰的，業障特別重的人，馬上你就受影響，要嘛身體立刻就不舒服，有的馬上自己的家宅不安，馬上就惹到那些鬼神。

真的不是嚇唬大家，沒有「山」，你不要去碰「命」，「醫」都要注意，中醫有多少人結果都不好。所以，「山」，是所有玄學當中密傳的東西，是玄學的根本、基礎，不具備「山」這個密傳功法，「醫、命、相、卜」就別涉及。否則，沒有幾個有好下場。別覺得「我有興趣，我天天研究《易經》，研究占卜，《易經》是占卜之術，我占卜給別人提示命運，能幫人化災解難，那不是行功德嗎？」那你掌握那個功夫了沒有啊？你就行功德啊！你掌握這個「山」字訣了嗎？你不掌握

這個，你拿了《易經》就研究，然後給人算命去，你知道你能惹上什麼嗎？算得不準的還好，算得準的後面眼睛慢慢失明，為什麼眼睛失明了？你既然是積功累德，你怎麼能眼睛失明呢？眼睛失明就是缺一門，你為什麼會缺一門，因為有漏。什麼漏啊？你是一雙肉眼凡胎，你給人算什麼命。你自己的命都不知道，你給人算的時候就已經被反噬了，你不會去化解，就去惹人家。命那麼衰的人你給他去算，你不是找死嗎！

一雙肉眼凡胎，「醫」也不要行，「醫」也就是中醫。有人說：「老師，那你這麼說，中醫都沒法幹了。」在這裏告訴你，中醫你別太神了還好，如果你真的不懂山字訣，我再次提醒大家……雖然這麼說一定會受到很多人的非議，甚至謾罵，但是我說的是真話……為什麼有的中醫給人下針開藥，神醫一樣，但是家宅不安，家裏總出橫事，自己有的都死得很慘、很年輕，特別神的那些中醫，有的家裏面的孩子、子孫都很不幸。為什麼？就不通這個理，不通醫。

我們中國沒有中醫這一科，中醫其實就是修道的一個附屬，當你修行到了一定境界以後，你自然就會醫了。那個時候你行醫，符合道。那時行醫才是真正的積功累德，你的身體越來越健康，越來越仙風道骨，後面的子孫都非常圓滿。所以，行醫必須入道，完全不是中醫學院畢業了，就開始給人下藥就開始針灸、行醫啊，可不是那麼回事。

按西醫那套思路來，中醫可不是碎片，可不是單獨的個體，所以絕不可以按中醫學院的思路去培養中醫。那樣去培養，那就是在害人。這一段內容肯定有人不接受，但我說的是正理。

有些中醫針灸，有時候病很重的人來了以後一針下去，病人一回頭，臉就變得跟鬼似的，說：「少管閒事，我弄死你。」有的老中醫都嚇得不行了。這怎麼辦啊，一看就不是原來那個人了！那就是業力在反噬你，那麼大的業力讓他得這個病，你一針下去，想給他治好，你不是跟人作對嗎？你跟人作對，你又不掌握山字訣。你不要以為吃藥、針灸就能給人治病，那都不是根，有好多的根都是來自於因果，好多的根都是來自於冤親債主，你不給人家化解了，你一針下去想給人扎走啊？一針扎到鬼屁股上了，就把鬼扎跑了？你想得太簡單了！你要碰到厲鬼呢，你一針扎進去，立馬翻臉上你家去了。有好多中醫治療重病，幾針下去後自己回去就臥床不起了。山字訣不懂，你怎麼能行醫啊！

這裏講一些修行界不會對外講的東西，這就是緣分，有人反對就反對，都沒關係。我把這些告訴大家，現在也沒有什麼人知道這些了，一天就知道行善、做好事，哪還有明師講這些了。這些好多都是不傳之祕。有了山字訣了，然後你才有醫字訣，然後才有命字訣。你掌握山字訣以後，醫、命、相就都掌握了。「相」是什麼？就是堪輿、風水。

「卜」，即占卜你也就掌握了。

山字訣是「山醫命相卜」裏面的基本功。山字訣裏一來，那就是開天眼。天眼不開就是肉眼凡胎，國學、儒學你都學不明白，更不要說佛、道了。有人問了：「老師，天眼怎麼開呀？都急死我了，快跟我說吧。」急也沒用，這要看緣，這是緣分。遇到明師，一點化就開了。未遇明師，天天練，什麼百日築基、大小周天，最後就給你練到精神病院去了。哪有什麼大小周天，都是一種感覺，修行才不是那麼回事，那些完全是偏的。

當未遇明師的時候，沒人教你密修法的時候，這個理你別讀歪了，經別讀偏了。在這裏有緣跟大家講解《六祖壇經》，就是要發這麼一個願，雖然現在的眾生福薄業重，我發願盡我的所能，把這套理法廣傳於世間。對有緣人來講，他一聽有感應，一聽覺得這個好像是正路，能接受、能認同，那我們就是有緣。先在理上明，然後再看緣有沒有更深，學這些「山醫命相卜」那得是更深的緣了。

第四節 | 起心即是妄 煩惱即菩提

「一真一切真，萬境自如如，如如之心即是真實。」前面講了這麼多，與這句話是什麼關係呢？就是告訴你，你眼見的一切都是假，

你不知道的東西，或者你認為不對的東西，或者你認為是迷信的東西，那才是真。這個就是「如如之心即是真實」。

什麼叫如如，萬境自如如，如如好像一種狀態，特別自在的一種狀態。自在的意思，即是不受束縛，這種活活潑潑的、不受束縛的心，不加任何的分別與判斷的心，這樣的心才叫如如之心，這個才是真實。這樣的心發出來是真實，加一點分別，加一點比較，加一點判斷，加一點推理的，那就已經是假相，已經是妄了。「起心即是妄」，心念一動已經是妄了，就不是真實。如何保持自己那個真實的狀態，總是在那種如如之心下，那只有修禪修定——禪定。

《六祖壇經》後面會專門有一篇講禪定，什麼是禪，什麼是定。六祖惠能一句話非常好，就是「外離相曰禪，內不亂曰定」。把握這個「外離相，內不亂」。整部《六祖壇經》就在講這個外怎麼離相，內怎麼不亂，就在教我們禪定。只有透過禪定，才能達到萬境自如如，才能真的找到那個一真一切真的「一」。才能眼見那個真實，然後才能破了虛境、破了妄境，才真的能走上那條真實的修行之路。

【「一真一切真，萬境自如如，如如之心即是真實。若如是見，即是無上菩提之自性也。」】五祖弘忍把修行的本體，又給神秀強調了一遍。神秀跟著五祖弘忍學法修道這麼多年，關於「菩提自性本來清淨，但用此心直了成佛」這個修行的核心，五祖弘忍肯定都已經說破嘴皮子，甚至對著他的耳朵喊了，但是根性不夠，或者就是聽不懂，

或者就是把握不了，不知道怎麼起修。其實我們現代人，尤其末法時期，更是這樣的。

我們說神秀，從他的菩提樹和明鏡臺來講，其實他的修行境界已經不低了，但是就是那層窗戶紙沒透。他再修、再刻苦他也是沒入門，透了就入門了。一旦入了門，就是海闊天空。只存在入門與不入門之分，沒有什麼高低之分。沒入門那就是在下面，入了門的，哪怕只有一腳進去了，那就海闊天空，沒有高低之分，只有入門、沒入門的說法，神秀就是沒入門。

現在很多修行人就是把重心放在助行上，像打坐、念佛、念咒，那都是有形、有為的。打坐幾個小時，我都會堅持，我堅持那我就成了。念咒也有遍數，念佛也有遍數，放生我放多少生，做好事我怎麼做，每日一善等等。很多人還是喜歡修這些，比如藏密磕長頭，一天磕幾千個長頭，覺得磕完以後就完成任務了，證明我在修行。其實這不叫修行，只是助行而已。但是大家覺得這個好抓，這個不需要根性，按著要求去做就行了，但這樣永遠都入不了門。所有修這些助行就是為了入門，結果卻把重心放在那些助行上，也不知道什麼是入門了，反而本末倒置。絕大多數的修行人都是這樣的。

不管《金剛經》怎麼說「一切有為法，如夢幻泡影。如露亦如電，應作如是觀」，再怎麼強調都是假的，不是真的，天天念也沒用，因為聽的人根性不夠，還是有業障。五祖反反覆覆告訴神秀，「一真一

切真，萬境自如如，如如之心即是真實」，他還是在形體上下功夫，把有為法、有形法當成修行的本體。「若如是見，即是無上菩提之自性也。」五祖是句句不離自性，但神秀呢，根本就聽不進去。

【「汝且去，一兩日思惟，更作一偈，將來吾看。汝偈若入得門，付汝衣法。」】五祖安慰神秀。但是菩提自性，當下言下就是了啊，如果神秀聽明白了，當下直接就來一句，管他什麼好壞、境界高低、開悟沒開悟，別想那些，直接就來就行了。但是還是放不下，還得回去思維一兩日。其實，五祖弘忍明知道神秀當下也不能脫口而出，當下菩提自性還是悟不到。

所以，菩提自性本自清淨不是練出來的，不是透過修煉得到的，而是當下即得，當下就有。只是我們都放不下，放不下面子，放不下對錯。假設有十個人在這裏，讓大家立馬脫口而出作一首偈子會如何？都做不出來。為什麼？我做出來是最好的嗎？我做出來就是對的嗎？這都是放不下。其實，菩提自性本來不可以練，也不需要練，所有的修、所有的練，都是畫蛇添足。菩提自性本來就在那，只需要放得下，直接就脫口而出就完了。

只需要這個，但就是這個放下，怎麼就這麼難，特別難。你能嗎？一下脫口就說出來了，「貓啊狗啊雞和豬……」，自己說著都不好意思，「啥呀這是，一點詩情畫意沒有，一點兒也不合轍押韻，就幾個破動物，這什麼境界啊，這要老師和同學們聽見得多笑話我呀。」就

說不出來了。其實禪機就在這裏，誰分析誰笑話你，誰有問題。「貓啊狗啊雞和豬，山河大地還有樹」，師父是絕不會笑話你的，你脫口而出的，不管是什麼師父都不會笑你，他要的是你的這種狀態。但是，同學們聽了可能會哈哈大笑，心想「我要作比這好多了」，可讓他作一個偈子，就說「等我兩天」，深思熟慮後再作出一個來，那就晚了，就不如脫口而出的「貓啊狗啊雞和豬……」。放不下那些分別，禪機就在這裏，「貓啊狗啊雞和豬，山河大地還有樹」，誰分別好壞，誰分別境界，誰就沒入道。因為看的不是那些好壞、境界。

其實，禪宗有好多公案。比如，天天參啊參啊：「我是誰，誰是我，生我之前我是誰，我死之後誰是我。」天天不停的參，參得都矇頭轉向了，都已經不行了，都已經昏天黑日了，這時候啪的玻璃杯一碎，一下一首偈子脫口而出，好像就得道了。啥得道了，得啥了？其實就是參得昏頭轉向，意識都已經放下了，什麼也不知道了，這時啪的一聲玻璃杯一碎，一下虛空粉碎，就到了那種境界，自性本來清淨的狀態就出來了，然後一首偈子就脫口而出，出來的是對這種境界的描述。外人看不懂，玻璃杯碎了，他自己念首偈子自己也不懂。懂，就離道又遠了。

但是，難道修道只是就要那種境界嗎？啪一下出來以後，就一直在那種境界當中了嗎？不是的。一旦那個境界一過去，就又回到凡人的狀態了。因為當時你參得已經暈頭轉向了，這時玻璃杯一碎，或牛

一叫，嚇了一跳，一個激靈，一下子感受到了那種放下的狀態，那種智慧流露的狀態。但是那個狀態一瞬間就過去了，頭腦一下子反應「誰叫的？牛叫的。」就又回到凡人狀態。一下子感受到了祖師大德的那種自性清淨的狀態，啪的一下呈現了，牛叫了一聲，再想到「我開悟了」，就又開始分別了，一下就回到凡人狀態了。

　　但是眾人不懂，就開始拜，好像開了一下悟，有那一點靈感和智慧流出來，就永遠都開悟下去了似的。不是那麼回事！你只是得到了一點消息而已，就知道在這種狀態下，原來自心常生智慧是這一種感覺呀！當我不離自性的時候，天天參話頭參得昏天黑地，放下意識的時候，突然外界一刺激，一下就有這種自性清淨的感覺出來……這是得到了一點消息，也就是說大概掌握了這個方法，原來我這麼參就能放下意識，「我是誰，誰是我……」，然後突然「**轟**」……但是，這種方法可取嗎？這容易瘋，有的人得到消息了，有的人就直接參瘋了，精神病醫院裏就有這樣的吧，不停的「我是誰啊」，這就是參瘋了的。

　　這是一段禪門公案，我們要知道並不是你想的那樣，「**轟**」一下就能成祖師大德，這種方法並不可取，但是現在好多人就這麼參，天天都是，參得傻呵呵的、楞楞的，說啥都是「我是誰……誰是我」，參得都已經完全遠離世俗了。六祖惠能是不允許這樣做的，這樣做又執著於「一定要放下，一定不能分別」，你就迷到那裏頭了，最後過分的偏執，就瘋了。什麼是瘋，就是偏執狂，特別的偏執，用強大的

精神力量把現實就改變了。現實本身就是我們的心發出來的假相，強大的精神力量就在這層假相上面又造了一層，這就是瘋了。

精神病院裏那些瘋子和我們看見的世界是完全不同的。我們稱之為夢中夢，現實就是我們造的夢，他不滿這個現實，就在這個夢上又強力的造了一層夢，當人過於執著、過於偏執的時候就容易這樣。精神病、瘋子基本上都很偏執，都不是那種什麼都看得開，差不多就行了，他們就是偏執、固執，強力的造夢。有的人對現實非常不滿意，就重新造了一個，結果脫離了現實。精神病、瘋子就是失去了現實感，都是自己造的。這也證明了世界其實都是唯心所造，自己的心造的。

這就說明，修行的方法正確與否很重要。大家現在都按照那些禪宗公案在修，天天修「我是誰，我是誰」，一下開悟了，寫了首偈子，還不認可說只是得到點消息。其實一旦回到現實中，就又有意識，又開始分別了啊。所以，修行一定要在現實中修，當有境來的時候，要於境離境，當有念頭來的時候，要於念離念，要這樣活活潑潑的來修，不能死修。不可以脫離現實去修，不可以把自己封閉了去修。天天往那一打坐，「我是誰……」，這樣就能回到本體嗎？這樣就能一嗎？不可能，這樣只會讓你越來越偏執。

這就是禪，外離境曰禪，是要於境離境，不能脫離了境，不能與境隔絕。在境中看見什麼，不再立馬起心動念，看到就是看到，應對就是應對，不應對就是不應對。不於念上生念，心就不亂，內不亂曰

定。外離相曰禪，內不亂曰定，這是六祖惠能告訴我們的正確的禪修方法，又快，修得又徹底。這樣修，就能做到自心常生智慧，不離自性。

不能說我修行了以後，現實中我也不工作了。現在好多人為了修行就不要工作了，工作呀太操心了，領導交代的事，還都得去完成。領導交代的事兒，想做的還好，不想做的還得硬著頭皮去完成。這是不是在分別？其實修行，就是在工作當中，當你面對任何境的時候，做到不於境上生心，不於念上生念。有事來直接就應，不管喜歡不喜歡，直接就應，該怎麼做就怎麼做；做了，去過不留，做過了也不留痕跡，這才是修行。

那我能做到這一點嗎？平時我靜下來的時候，我不於念上生念。如果你天天在山洞裏坐著，你還生什麼念呢？山洞裏坐著什麼事都沒有，你怎麼修？一定要現實中有事，現實中的事才是我們的起修處，煩惱即菩提，這才是我們的起修處。事分喜怒哀樂，遇到好事的時候，我不心花怒放。比如中了五百萬，中就中了吧，我也不境上生心，也不念上加念，我也不會想，中了獎要怎麼分配，我可別被人盯上了，親戚可別來借錢呀？這都是境上生心，念上生念。中了我就中了，該高興還是高興，也別死板一塊，啥表情沒有，這不叫修行人，叫石頭。修行人有正常的情緒，心不動。

范偉和趙本山有個小品《心病》，講范偉中了一個大獎，結果瘋了似的，到趙本山那看病，趙本山跟他講：「你的心要如如不動，視

金錢如糞土。」范偉說：「我終於明白了，中的獎我都給你。」趙本山一聽，暈過去了。他還給別人治病，說得頭頭是道，到自己身上，還是不行。

還有更強烈的，像范進中舉，盼了幾十年了，終於中個舉人，一下子瘋了。這都是人在強烈的刺激下，太過於境上生心，念上生念，最後極端了，人就會瘋的。痛苦就是這樣形成的。所以我們練的，就是要修禪定回歸本我，修禪定才能修回家，只有修禪定才能找到那個真實的世界和真實的自我。從這開始起修，這是修法。「一真一切真，萬境自如如」，這一句話就是所有的理。就這個理，要展開講就太多了，在這裏先給大家點一下，開個頭。這一點，是不是有緣人，就能知道。

為什麼我要開講《六祖壇經》，又放到網絡上，又出版成書廣為宣傳，就是為了尋找有緣人嘛。讓有緣的人能看見能聽見，見到之後他能認同，然後他自有感應，有感應的人就可能會有機緣找到我。我師父把這些老祖宗的智慧傳給我，不是讓我自己留著，那豈不又要失傳。而我師父傳給我的意義是，讓我廣開教化之門，把這些老祖宗智慧和真東西傳出去，這是我的責任、我的義務。當然不是看到的都是有緣人，我也知道可能很多是不認同的，因為我否定了傳統的修行方法，但不是我在否定，六祖惠能那時候就已經在否定這種方式了，分不清本體，分不清助行。好像你天天在念佛，阿彌陀佛就來接你。連

理都不通，他怎麼可能來接呢，誰會來接你？你天天勸大家念佛，就是在行善嗎？阿彌陀佛的理和禪宗的理是完全一樣的，是一回事。那可不是說念佛就能成佛，或者念佛就能上極樂世界，哪有那麼簡單。

第十三章

上上人有沒意智

下下人有上上智

【神秀作禮而出】，還沒悟到。一聽這話，「那行吧，師父告訴我再回去思惟一兩日，讓我再做一首偈子，看來這一首偈子沒通過。」【又經數日，作偈不成，心中恍惚。】作不出來了，就只有之前好不容易憋出的那一首。【神思不安，猶如夢中，行坐不樂。】這一件事，對神秀的影響多麼的大，這個狀態本身就是一個凡人的模式，凡人的狀態。師父看的不是他這個偈子怎麼樣，但他還是把重點放在偈子的好壞上面。他師父要的是當下直接脫口而出，但他就是悟不到，可能也說不出來，有可能是業障深重，所知障太重，或者就是顧慮太多，放不下，反正就是沒入門。

【復兩日，有一童子於碓坊過，唱誦其偈。】又過了兩天，童子就是正式弟子的小侍者，五祖弘忍不是讓大家背誦神秀的偈子嗎，背誦此偈可以增其福田，免墮惡道，但是沒說開悟。這些弟子們也沒聽懂，就開始背誦，「身是菩提樹，心如明鏡臺，時時勤拂拭，勿使惹塵埃。」天天就這麼背誦，但是不知道為什麼背誦。一天這個童子經過碓坊的時候，在唱這個偈子。【惠能一聞，便知此偈未見本性。雖未蒙教授，早識大意。】惠能是明眼人，一聽就知道偈子有漏。五祖弘忍還沒教他，但是人家是大根性，基本上來講他都已經明白了。怎麼明白的？他可不是思維之後明白的，不是說聽到之後分析一下，然後「唉，不對啊！」而是一聞便知，沒動思維。怎麼知的？這就叫智

慧的流露，沒有為什麼。

「那他怎麼就知道呢？他聽明白了嗎？那根據什麼他就知道神秀沒見本性呢？」你這樣問就是在分別。六祖惠能肯定回答：「沒有為什麼呀，我就知道啊。」又問：「那你知道的對還是不對呢？是不是師父驗證說他不對，未見本性，才是未見本性，你根據什麼呢？」你怎麼這麼多為什麼呢？你就是凡人，而六祖是聖人。凡聖之間的區別也就在這裏。

有人可能會問：「難道聖人就不焦慮、不煎熬嗎？」對了，焦慮、煎熬的就不是聖人，就是凡人，最多是別人叫他聖人，或者他自以為自己是聖人。你覺得六祖惠能焦慮嗎？六祖惠能在獵人隊裏十五年，他焦慮嗎？一輩子都被人追殺，也是曹溪的老百姓有福報、能承載，要不是曹溪的老百姓保護他，他不知道被人殺了多少回了，但是他害怕和焦慮嗎？有沒有天天一堆保鏢跟著，把自己搞得水泄不通？不會的，焦慮他就不是聖人了，煎熬他就不是聖人了。只有凡人看不清、看不透的，凡夫才會煎熬、才會焦慮。那煎熬、焦慮不對嗎？不是，煎熬和焦慮就是我們的煩惱，就是我們的起修處。面對同樣的事，凡夫和聖人對待的狀態不一樣。聖人不是說有什麼能飛上天的大神通，不是那麼回事。凡夫和聖人的差距就在這裏。事來了就應，應不了就受著，這就是聖人。

有人誣告我，一敲門，法院來個傳票。怎麼了啊？就告我呀，我

也沒幹什麼事啊，這不是誣陷嘛！這個時候，凡人的心裏就開始波濤洶湧，委屈、不滿、怨恨、無奈，開始不停的折騰，也睡不著覺了，四處求關係，這是凡人。聖人呢？傳票來了，說「有人誣告我呀，那告吧。」立刻就知道煩惱來了，起修處嘛，那就修唄。為什麼有人告啊？馬上就知道本質是什麼，一定是自己的心發出來的。那我的心發出的什麼，為什麼在現實中呈現這種假相呢，投射出這種相呢？立馬就知道了。然後把心一調，行了，什麼都不用去管，什麼都不用去理。不用找律師嗎？不用主動找律師，需要律師出面來幫你解決問題的時候，律師自己就出來了。不相信：「那怎麼可能，不找怎麼出來？」啥都不可能，這就說明你還不懂，不知道真相是什麼，還把現實中的東西都當成真，還看不透。而聖人呢，知道了這些本質和假相，然後把心一調，就等著吧，奇蹟就會出現。怎麼會出現奇蹟？啥也沒做就會出現奇蹟？對了，其實現實中很多這樣的事，告你的人突然就不告了，突然就撤訴了。或者突然就出現一個多少年不見的朋友，當律師的，正好跟法院院長或者法官特別熟，一看就知道你是被誣告的，然後就幫你擺平了，你什麼都不用管了，這事兒就過去了。

當你真的心一變，把自己調整好，現實中奇蹟就出現了。信嗎？不信，你就永遠都是凡夫。有人會說：「老師，這是不是迷信？」什麼叫迷信啊。神蹟、神奇每天、每時都出現在我們身邊，你看不見，是因為你不相信，你只認為你的邏輯是對的。別人誣告我，憑什麼，我就跟人打官司，為了打贏官司，我得找好律師，然後我再去給法官

送禮，再考慮如何辯駁⋯⋯你全是凡人的思維，怎麼能成聖人呢？所有事來了，你要知道是怎麼來的，這就是「一真一切真，萬境自如如」，如果這個基本的理不通，也就是人與事之間的關係你搞不清楚，你就做不到萬境自如如。你不知道它怎麼發生的，你就無法從根上去化解它。

我現在也跟五祖弘忍似的，就這點事嘮嘮叨叨，一再講一再講，就怕大家聽不懂。現在很多同學已經懂了，「老師，別再說了。」不行，絕大多數人還不懂，還得反反覆覆講。為什麼要反反覆覆講？有的人聽我講課已經幾年了，其實關鍵的就這麼幾句話，但是沒辦法還得講。在課上的時候，好像都是悟者，老師講的都明白，甚至我下一句要說什麼都知道。但是，一出了課堂，一遇到事情的時候，立馬就是凡夫的模式了。我們現在福薄業重，有太強大的所知障，太強大的慣有模式，這種情況下，怎麼修行？那就得跟師父在一起，慢慢熏、熏陶⋯⋯聽師父反反覆覆講，一點一點從原來的模式中拉出來，這樣才行。

但是你想天天跟著師父，也是需要福報的。有幾個人能天天跟著師父呀，大多數人不得忙自己的生計，自己的孩子、老公、老婆、一大家子，你哪有那時間天天跟著師父呀。就算你想跟著師父，你說你放下了，把家庭全放下了，要跟著師父，師父還不見得讓你跟著呢。你跟著師父，成師父的煩惱，天天讓師父起修啊，也得是師父喜歡的弟子跟在他身邊才行。你可能有時間，也有錢，不用工作，但也得是

師父願意讓你跟著，否則就是有福無緣，是不是這個道理啊？

　　有同學說：「老師，你不是放下分別了嗎？那應該誰跟著你都行啊？你不是為了傳法嗎？」我放下分別，我不就成佛了嘛！我給大家講的是這個理，我有時候也有分別，而且我也允許自己有分別。如果我不允許自己有分別，我不也瘋了嗎？又有人不服了：「你自己都做不到，憑什麼讓我們做？」你要知道如果我做到了沒有分別，那是一種什麼狀態嗎？我們的身體都是因分別而來，一旦我放下了分別，完全平衡，真正做到無為，或者涅盤，我的身體立刻就沒有了，憑空消失，立刻就盡虛空遍法界，我就成了波的狀態。但我不想現在就成波啊，我還想保持著這個身體，能給大家講講法。釋迦牟尼在菩提樹下悟道了以後，成佛了以後，也沒說馬上放下，他還要傳法，還有任務。

　　再看《六祖壇經》中描述六祖惠能的時候，從來沒有什麼想一下呀、判斷一下呀、分析一下呀，都沒有。跟五祖弘忍見面的時候，五祖弘忍問：「你來幹什麼？」「我來作佛，不求餘物。」「你個獦獠作什麼佛？」「人有南北，佛有南北嗎？和尚能作佛，獦獠怎麼就不能作佛？」全都是這樣直接應對，一點考慮都沒有。「你這個根性大利、伶牙俐齒的，給我做雜工去。」「做雜工？我天天自心常生智慧，不離自性，我這境界了，你說你讓我做啥？」根本就不考慮師父能不能接受，會不會把他攆出去，會不會不高興啊，什麼都沒考慮。「少廢話，去，做雜工去！」「那就做去唄。」接著就去了。沒有任何猶豫，

沒有任何顧慮，沒有任何分析判斷，不想。

《六祖壇經》的描述，惠能一聽見童子念偈子，馬上就問了：【「誦者何偈？」】他就像大學裏面打掃衛生的阿姨，大學生聽完教授的課，出了教室正在背公式呢，阿姨聽見了直接問：「唉，同學，我問一下這是什麼公式啊？」也不想想自己啥身分，就問：「這是什麼公式，給我講講唄。」學生白了她一眼，「聽得懂嗎你？好好掃你的地吧。」是不是這樣。換成我們是不是都得猶豫一下啊？「我應不應該問啊？我只是一個做雜工的，連字都不識，如果問了人家會怎麼看我啊？」想得多吧！六祖惠能就沒有，他想都不想，直接就問：「哎，童子，誦的什麼偈子啊？說的什麼啊？」

但聖者和狂妄者的區別在於，聖者隨心所欲，但是不逾矩，不讓人煩，不讓人討厭，說出話來都是有分寸的。但這個分寸不是想出來的，不是顧慮來的，不是判斷來的，而是自心常生智慧，這就叫智慧。

【童子曰：「爾這獦獠不知，」】童子說：「你這獦獠有所不知，你還問，好好的舂你的米得了。」童子這不還是來了這麼一句，【「大師言世人生死事大，欲得傳付衣法，令門人作偈來看。若悟大意，即付衣法為第六祖。」】童子把事情的經過跟惠能講了一下。童子還挺有耐心，雖然前面也挺看不上他的。【「神秀上座於南廊壁上書無相偈，大師令人皆誦。依此偈修，免墮惡道；依此偈修，有大利益。」】神秀那哪是無相偈啊，那是有漏偈。依此偈修，就會有大福田唄。童

子就把整個情況跟惠能說了一遍。然後，惠能說：【「上人！」】為什麼叫上人呢？小童子，也就是小學徒，也是出家人。惠能現在還是在家的身分，又是一個打雜工的，雖然在廟裏，但沒有剃度出家。

古人對出家人特別尊重、敬重，中國人就是這樣，對修佛的修道的人非常尊重，為什麼？因為這些人掌握著「山醫命相卜」，凡人所無法掌握的。不說別的，就說一個醫。古代沒有醫生，全是這些修道的人給十里八鄉的人看病。也就是對古人來講，如果一個地方有一個修行得道的人、有真功夫的人，那方圓百里以內的老百姓就有福了，家裏頭有什麼事，身體有什麼不好，有病了也好，有困惑也好，有痛苦也好，就直接到廟裏或者到道觀，去找得道之人、高僧、真人、大德，請他幫你來療癒、解惑，占一卦看看前程，瞭解一下命運，心裏就有底了。蓋房子、下葬，都請道長、方丈來調理一下風水。甚至當地州縣的官員，都得來拜，因為官越大，禍越重，管理一方子民，一個決策下來不知是積德還是造業，有時就迷茫啊，就得請得道之人指點方向。

一個修行得道的人，可以保一方水土平安，教化人心，風調雨順。中華民族的優良傳統，就是「尊師重道」，所以古人對修行得道的人非常非常敬重，如果聽說哪裏有高僧大德，方圓百里的人都會一起想辦法，把高僧大德請到地方來，給他建好廟，當地所有的老百姓都會護持他，這樣他就保這一方水土平安。曹溪的老百姓對六祖惠能就是

這樣的。六祖惠能落難時，那麼多人追殺，跑來跑去，跑到曹溪這個在當時非常偏遠的南蠻之地，特別偏遠的窮山惡水。曹溪的百姓有福，能留得住惠能，承載得了惠能，六祖惠能往那一待，一直到現在一千多年，曹溪這個地方基本上就沒有大災大難。一方水土有一位聖者、得道之人，當地老百姓也得有福報才能承載，聖者、得道之人也不是哪兒都能待得住的。有的時候你到一個地方去，你說你得道了，人家不相信，說你是個騙子，就把你打走了。當地人如果福薄業重，聖者想留也不一定留得了。所以，聖者、得道之人在哪兒，一定得是當地人發心去請，聖者還得能安得住，這是這一方水土百姓的大福報。這樣，得道之人就能護著這一方水土，保著整個地區風調雨順，家家戶戶子孫興旺，同時教化一方水土，多出大德、大才、有造就之人。因此，我們古人對修行得道的人特別尊重。

但現在不行了，現在中國一說你是修行人，大家都用白眼看，覺得你是個騙子，全是這樣。大家在罵假修行人的時候，把真的也一起罵了。在一個地方建個廟，就覺得又開始騙人、迷信……現在中國人身陷苦難，而且苦難還會繼續，因為人們的心性沒有變，沒有信仰，沒有對正法正道的渴求之心，業太重了，所以這兩百來年災禍不斷，兵荒馬亂、自然災害，好日子沒過幾年。就是出現一些得道的人，也都呆不住，都得離開。聖人需要當地人做好準備，然後奉請聖人前往，同時聖人也願意去，在當地坐十年二十年，說明這方圓百里的人都有福。

所以，古人對修行人特別的敬重。雖然六祖的層次已經這麼高了，但對一個小童子、小學徒，還是稱其為上人，非常的尊重。

　　【「上人！我此踏碓八個餘月，未曾行到堂前，望上人引至偈前禮拜。」】六祖惠能也沒直接跟童子說，做偈之人也沒見性啊。這是不是就不是直心是道場了。直心是道場絕不是楞，絕不是出口就傷人。直心是道場，張口即是智慧，智慧是圓融。我又不是說假話，傷人的話不說，我避而不談，不說這個偈子什麼境界。而是很有禮貌的說：「我在這舂米，八個多月也沒離開過，也沒到過堂前，請童子上人帶我到偈子前面去。」為什麼六祖惠能要到偈子前面去？直接聽人念一念，心裏想一下：「其實也沒見性啊！」不就完了嘛。如果沒有惠能到偈子前，然後又寫了一個偈子，後面是不是就沒有故事啦？聖人知道後面會發生什麼？都錯了，他也不知道會發生什麼。其實也沒有為什麼要去，只是心一動就想去。去的方式有很多，他也沒說：「我寫一個偈子，你給師父轉達一下看一看。」沒有取捨，就直接問能不能馬上帶我去一下。沒有分析，沒有判斷，也沒想人家願不願意，這就叫不離自性。不離自性的狀態是隨心所欲，但是不逾矩，這就是智慧。

　　然後，童子就引領著惠能到了偈前，他以為惠能要到偈前禮拜，可是惠能馬上又提出了過分的要求，【「惠能不識字，請上人為讀。」】剛才不是已經讀了嗎？故意的，都已經知道誦偈之人沒見性了，還讓人家讀一遍，這個時候童子受不了了，忙去了。這兒為什麼沒寫了，

就是沒搭理他，生氣了。「這獦獠事兒怎麼這麼多呢，不是禮拜嗎，都給你帶過來了，你就禮拜就完了唄，還讓我給你再讀一遍。一口一個上人，你把我當上人了嗎，你把我當僕人了吧？」但是六祖惠能不想這些。好像一個掃地的，看到教授課堂走出來的學生，就說：「你們寫的什麼公式啊，領我到教室看看唄。」領去之後又要求：「給我講講怎麼回事？」一個掃地的，不好好掃地！人家還忙著呢，就走了。

這時，旁邊有個人，【江州別駕，姓張名日用】，叫張日用。張日用便高聲讀，我識字，我給你讀一下。【惠能聞已，遂言：「亦有一偈，望別駕為書。」】聽完一點都沒動腦筋，什麼也沒想，馬上又提要求了，說：「我還有一個偈子，你能不能幫我寫一下呢。」在這裏，重點看模式，對比神秀和惠能的模式。惠能什麼事都直接應對，一點兒都不想。

張日用說：「咦，你還會做偈子，這事兒可真是稀有啊。」一看惠能這身打扮，字都不認識，還我給你念出來的，你還會做偈子，這真是太稀有了，你是真的假的呀？不相信了。【惠能向別駕言：「欲學無上菩提，不得輕於初學，下下人有上上智，上上人有沒意智。」】這話說得太有涵義了，而且說得很有文化的感覺。惠能馬上跟張日用說：「人哪，要平等對待，不能因為人的文化水平不同、工作性質如何、學歷如何，就輕視，就區別對待。在現實生活中，雖然說我好像是下等人『下下人』，但是我有最高的智慧『上上智』。別看現實生活中，

你有學歷、工作好、高人一等，但是你可不一定有智慧啊，也有糊塗的時候啊。」這句話本身就帶有禪機，眾生平等，人人皆有佛性，每一個人自性具足本來清淨，沒有什麼差別。

這話一出，張日用一聽就知道這人不是一般人，馬上就說：【「汝但誦偈，吾為汝書。汝若得法，先須度吾。」】「那好吧，把你的偈子說出來，我替你寫，但是有個條件。」古人都比較通透，本來瞧不起惠能，你看你什麼人，還會做偈子，怎麼可能呢？他一開始都有輕慢之心。但惠能的話一說出來，一聽這人不一般，馬上就轉變對惠能的看法，這說明張日用的所知障不重。這事兒如果放在業重的人身上，你看你這樣兒能寫什麼啊，估計理都不會理惠能。但是張日用馬上就轉過來了，覺得惠能好像真不一般，「那我現在幫你，你要是真得了法，那一定得先度我」。可見他們都嚮往著明師，嚮往著解脫。【勿忘此言。】但後面沒有再表張日用，可能寫完偈子他就走了，後來惠能逃離黃梅，他也找不著了……

第二節 | 不修自修最高境界　知天知地入門總綱

看這一段，主要看惠能，遇到什麼事，不假思索，話直接就說出來了。包括跟張日用的對話，張日用說：「你還會作偈？其事稀有啊，這不可能吧。」惠能馬上就開始批評他，也不看看自己是什麼身分，

張日用是別駕，也不是一般人啊。但是惠能馬上跟張日用說：你不要輕於初學。然後馬上就說出偈子：【「菩提本無樹，明鏡亦非臺。本來無一物，何處惹塵埃。」】偈子不要去解讀，要用心去感受。從字面上解讀偈子，張口即錯。偈子是一種境界，修行境界的呈現，不要用語言去解讀。對於平常沒有修煉的人，沒有修行過的人，沒有得道的人，看這兩個偈子，一比較，也基本上能看出來高低上下。我們只是看到字面，從字面上看好像惠能比神秀的偈子作得好，但其實這是境界的呈現。

惠能已經到了不修自修的狀態，他只是不修助行，但一直在修本體。自心常生智慧，不離自性，這就是在修本體。而神秀呢，一再修的是助行，而非本體。藉由惠能和神秀的比較，大家就能看出兩者的不同。對於現在所謂的修行人，我們比較一下就知道，是在修本體，還是在修助行。基本上現在所有的修行人，還在走著神秀的路，打坐、吃素、放生、禁欲、念佛、念咒，還是在修助行，而未修本體，甚至都不知道本體是什麼。

透過《六祖壇經》的學習，我們要知道從中該學什麼。第一品行由品，很多人直接當成故事聽，以為就是講了六祖惠能如何得法的故事。其實這可絕不僅僅是個故事，透過故事裏面的內容，呈現的東西太多了。不然的話，絕不可能把這一品放在第一品。在經典中，第一章第一品都是最重要的。《六祖壇經》後邊的九品，都是對第一品的

解釋，是從不同的角度把第一品說細說透，第一品是最重要的。

「菩提本無樹，明鏡亦非臺。本來無一物，何處惹塵埃。」從這個偈子就可以看出六祖惠能當時的境界，不修自修，已經修得差不多了，就差最後的一個印證。【書此偈已，徒眾總驚，不無嗟訝，各相謂言。】這個偈子一寫出來，一對比，五祖的弟子們都驚訝不已，這個打雜工竟然能寫出這樣的偈子，跟神秀的偈子相比，一眼就能見高低呀，馬上就說：【「奇哉！不得以貌取人。何得多時，使他肉身菩薩？」】五祖的弟子們都很震驚，覺得惠能用不了多長時間，就一定能修成肉身菩薩，即身成佛，也就是現世就能成佛。大家看到偈子之後，馬上對惠能刮目相看。如果是神秀在現場的話，那得是什麼心情，可想而知。

【祖見眾人驚怪，恐人損害，遂將鞋擦了偈，曰：「亦未見性。」】五祖弘忍出來以後，看弟子們都在驚怪，還在保護惠能，擔心神秀和神秀的追隨者會損害惠能，馬上脫了鞋，把他的偈子擦掉，「亦未見性」。五祖這是不是打妄語啊，佛門入門五大戒，第一戒就是不妄語。你看這五祖弘忍天天妄語，那他是不是就不守這個戒了呢？其實不是這樣。祖師沒有錯，戒也沒有錯，五祖弘忍也沒錯，是你錯了！你覺得五祖未守戒，是因為你理解錯了戒的意思。戒並不是要死守，不妄語就一句謊話不能說，一句假話不能說，這個理解是錯誤的，就連釋迦牟尼佛都不能說句句講真話。什麼是真，什麼是假，如果連真和假

都勘不透，都不明白是什麼意思，你還守什麼戒？

我們前面講過，修行、做人得先分善惡，知道善是什麼、惡是什麼。分了善惡做事才能有是非對錯，才知道怎麼為人處事。要想修法，要想得道，要想入門，就必須得知天地，如果天和地都搞不清楚是什麼，就不要提修道，根本就入不了門。孔子《繫辭傳》開篇第一句就是「天尊地卑，乾坤定矣」。所有對《易經》的解讀中，這一句就是《易經》的總綱。在我們華夏文明之中，《易經》被稱為萬經之首，我們所有的理論體系、所有的修行方法、所有的文化脈絡、整個文化的體系，全都是從《易經》而來。《十翼》是孔子解讀《易經》的十篇文章，而《繫辭傳》又是最重要的一篇。《繫辭傳》開宗名義就講「天尊地卑，乾坤定矣」。就這句話，你能看懂嗎？是不是就直接滑順過去了。

不管是研究國學，還是修道、修法，還是修佛、道、儒、醫、易、兵法、鬼谷玄學等等，這句話是開宗名義，要先知天知地，然後知乾知坤，知天知地，乾坤就定位。天地不知，你就沒入門，即使你天天研究奇門遁甲，不管研究多少年，如果不知天地，就是沒入門。天天拿著奇門遁甲的書那麼厚，結果最重要的開宗名義的東西搞不清楚，天地都不通，還研究怎麼起卦。這就相當於一加一等於二還不知道，加減乘除還沒弄明白，就直接去研究微積分，怎麼可能研究得明白？

經典的基礎、國學的基礎、華夏文明的基礎、佛法的基礎、道法的基礎、儒學的基礎、醫的基礎、謀略學的基礎、玄學的基礎，只要

涉及伏羲所創的華夏文明體系，要想入門，不管你學什麼東西，哪怕是學琴棋書畫茶，都必須得先知天地。現在的人，尤其是我們中國人、炎黃子孫，最大的悲哀是與天隔絕，不知古人說的天是什麼，與地隔絕，別以為你腳踩著大地，你不知道地是什麼。與天、與地隔絕，就和傳統文化隔絕，就與伏羲所創的華夏文明隔絕，只剩個血脈關係，我們是炎黃子孫，是伏羲、女媧的後代，除此之外整個文化和文明體系都已經沒有什麼了。

現在有多少人能說的出真正善是什麼、惡是什麼，有幾位能說出來天是什麼、地是什麼。天地是華夏文明的總綱，是根本，我們整個文化體系都是從這裏延續出來的。知天地，才能知陰陽；知陰陽，才知三才；三才、四象、五行、六合、七星、八卦、九宮，這些都是最基本的概念。當你不知道天地的前提下，三才是什麼、陰陽是什麼，你絕不可能知道。你不要以為陽就是太陽，陰就是月亮，陰陽就是事物的正反兩面。你光知道這個有什麼用呢？陰陽絕不僅僅是哲學意義上的概念。當你真的知道了陰陽的時候，你一下子就能看到整個世界的本質是什麼，真諦是什麼。我們的老祖宗，最高的智慧者，絕不會只搞一個哲學概念，我們的文化體系是完全的實用體系，一點虛的都沒有。我們的祖先對世界規律的闡述，所用的語言、用的詞語，個個都是有實際用處的。知道陰陽的時候，就知道宇宙萬事萬物是怎麼來的，它的真諦是什麼。知道五行的時候，就知道了萬事萬物之間的關係，以及發展運行的規律，它的發展趨勢，並且能運用這個趨勢「成、

住、長住、敗、空」。知道五行的概念時，就能掌控事物的發展規律。

這都不是哲學意義上的，我們祖先不講究哲學意義，一切都是實用主義，我們祖先最強調的就是學以致用。當你把天地、陰陽、善惡、真假、三才、四象、五行這些搞清楚了以後，當下你就是神醫，馬上就能療癒疾病，立馬可以解決情感問題，破除財富障礙。任何計畫一來，運用陰陽五行的知識，馬上就能知道這個計畫現在的狀態及其之後的發展趨勢。陰陽是緣起，五行是發展的規律和趨勢。掌握了陰陽和五行的概念及運用的時候，對於想要做的事情，既能瞭解它成住敗空的整個趨勢，又能改變這個趨勢。任何疾病都有成、住、長住以及敗空，任何人的成長、任何事物都有。

這些基本概念搞清楚了，學國學、學經典、學傳統文化、學儒釋道醫易武，才可以說入門，否則的話，基本概念不清楚，根本就入不了門。現在，我們炎黃子孫最大的悲哀，就是與傳統文化體系隔絕。不要看我們天天看著一兩千年前先祖聖人的經典，經典還在，但精髓已經不在了，已經看不懂而且用不了。如果能把我們祖先的智慧都應用起來，首先最低層次的，我們就可以做到引領現代科學。現在是西方在引領科學發展的方向，我們中國人在跟隨模仿。對於老祖宗的東西，就認為是糟粕，覺得天天背這些經典有什麼用？誹謗老祖宗的東西是糟粕，罪莫大焉。

我們現在已經與天隔絕，找不著天了，華夏文明已經跌倒最低谷，

如果找到了天，我們就能一躍翻身，就能復興起來；如果找不到天，我們就會就此沉淪。之後，我們的語言、文字、文化體系、文明就會逐漸消失，就像古巴比倫、古印度，就會消失不見，都沒有了。當這些東西都沒有的時候，我們的民族就將失去凝聚力，民族沒有凝聚力，中華民族就將不復存在，而我們就將從民族淪落為一個人種。就像非洲，就不能說它有什麼民族，因為它沒有文化、沒有文字、沒有語言、沒有文化體系，它的文明沒有延續下來。它的語言用的都是外族的語言，比如英語、法語、阿拉伯語等等，跟他們原來的文明沒有關係了。非洲的人，不再有什麼民族，就只是一個人種，黑色人種而已。當它沒有了民族的凝聚力，它就算再努力，成為任何一個國家的公民，在全世界也永遠擺脫不了奴隸的地位。而我們中華民族現在還沒有淪落為一個人種，但也快了。

第三節 | 自然通暢隨順眾生　佛法圓滿積極進取

我們在講所謂的真假，什麼是真，什麼是假。五祖弘忍拿鞋把惠能的偈子擦了，說「亦未見性」。五祖明知惠能已經見性了，怎麼張口就騙人呢？因為他怕別人害惠能，他當然也有顧慮。

你說：「老師，不是講沒有顧慮，直心是道場嗎？五祖怎麼這樣子呢？」

六祖惠能直接發出來，那是智慧。五祖這也是直心是道場啊！看見了以後一點不加思索，直接拿鞋擦了「亦未見性」，這也是直心啊。

有人又說：「老師，那你這是假。」

什麼是真什麼是假，你得清楚。不要把自己弄得善惡不分、天地不明，陰陽、五行不知道，真假是什麼也不知道。認為我心裏頭的想法就是真；我眼見的實實在在的存在，是真；眼見為實才叫真，這是大錯特錯。真和假不是那意思，真相和實相不是這樣理解。現代人認為，唯物主義講眼見為實，唯心主義對看不見的東西在瞎謅瞎掰。古人並不是這樣認為，古人對真假的概念跟我們現在不同。如果你連這個都搞不清楚，那守戒可就麻煩了。什麼叫殺生，眼見他把人殺了、把狼殺了、把蛇殺了，這是現代人看到的殺生，根本不知道什麼叫真。眼見的有沒有可能是虛呀？你不知道真假，就不要去評判。如果真假沒分清楚，你認為你在守戒，其實你根本就理解不了戒的含義。什麼叫殺生、什麼叫妄語、什麼叫邪淫、什麼叫飲酒、什麼叫偷盜，根本就理解不了。

五祖弘忍的這個行動過程，也是直心是道場，直接就說「亦未見性」。【眾以為然。】我還以為他見性了呢，我還以為師父要把衣缽傳給他呢，以為他能成肉身菩薩呢，看來我理解錯了，師父說他沒見性，還不如前面寫的呢。神秀聽到這話以後，是不是鬆了口氣啊，我還是第一呀。五祖弘忍要傳法，但是一定不能讓弟子們都有所準備吧，

如果大家都知道要傳給惠能，那會如何？至少所有人都會盯死惠能，看師父什麼時候給他傳法，我偷偷摸摸去聽一聽，或者知道師父要傳法給他，先加害他。

五祖弘忍怕可能有人傷害惠能。有人說：「老師，那些修行人為什麼這麼壞？」不是壞，這就是人性。不是說修行了以後就沒有人性了，真正的修行人，是看透了人性，還是有人性。但是，凡人的人性和聖人的人性是不同的，不是說人性本身不同，而是看問題的角度不同、層次不同。凡人可能會害他，這叫趨利避害，這是人性，我為了我利益最大化可能害他。但是，聖人就不會從這個角度看問題，就不會做這樣的事，因為聖人的格局很大，看得遠、看得高，跟凡人看的層次不同。

【次日，祖潛至碓坊。】第二天，五祖趁沒有人，偷偷的到了碓坊。【見能腰石舂米，語曰：「求道之人，為法忘軀，當如是乎？」】看見惠能在舂米，五祖還跟惠能開句玩笑，意思就是，你來求道做佛的人，應該幹這活嗎？當初人家惠能不也說嗎，我是來求道學佛的，你怎麼能讓我幹雜活呢？那個時候，五祖弘忍是怎麼對他呀？「去，伶牙俐齒的，少廢話，幹活去！」現在回過頭來問，「這事應該是求道的人做的事嗎？」這是不是有意問的呀？惠能是什麼反應啊？直心是道場，白了五祖一眼，「早說我不是幹這活的。」

然後五祖馬上又問道：【「米熟也未？」】這裏又有玄機。「米

熟了嗎？」磨米不存在熟不熟。如果是我們回答，我們會說：「師父你還沒教呢，我熟啥，還沒開始蒸呢，我怎麼能熟呢？」而惠能直接就回答：【「米熟久矣，猶欠篩在。」】早就已經熟了，見到五祖弘忍那一番對答的時候就已經熟了，那個時候還帶著稚氣、帶著任性、帶著灑脫、帶著棱角，叫五祖弘忍一頓罵。當他說到「自心常生智慧，不離自性」的時候，其實已經熟了，他一直都在這麼練。有人疑問：「老師，五祖弘忍沒教他呀。」還有什麼教與不教啊，五祖弘忍不就教這個嘛。他教神秀的不也是這些，不離自性，菩提自性本來清淨，見性之人言下須見，教的就是這些，還教什麼呀，還有什麼東西要教的呢？難道教他怎麼打坐、怎麼念佛、怎麼禁欲、怎麼吃素？那不需要啊。

大德的禁欲、吃素，那是修行修到一定程度，修到一定境界之後，自然而然在身體上的呈現，而不是硬性去禁。並不是我特別想吃紅燒肉，就不能吃，千萬不能吃，吃了就是殺生。這麼想就錯了，你為什麼想吃啊，不還是身體需要嗎。孩子都特別喜歡吃糖，這家長們都焦慮的了不得。蘿蔔白菜隨便吃，糖吃一點可不行了，把孩子饞的不行，看孩子吃一塊糖，家長煎熬得不得了。孩子為什麼想吃糖，為什麼喜歡吃肉蛋奶啊，是不是身體需要啊。肉蛋奶能理解是長身體需要，糖為什麼需要呢？糖是大腦需要，孩子為什麼想吃糖，你四五十歲了，給你糖你都不吃，為什麼？孩子在長身體，他的大腦也在成長，需要大量的糖去補充大腦。想不想讓孩子聰明？大腦的食物就是糖、葡萄糖，孩子吃糖是補充大腦。

家長說：「讓孩子天天吃糖可不行，以後不就得糖尿病啊。」孩子只有在壓抑的太強烈時，才會不斷的吃糖，沒完沒了的吃糖。孩子太想吃糖，你不讓他吃。越不讓他吃，他越想吃，結果這樣，長大以後他就會沒完沒了的吃。如果你放開讓他吃，一開始可能一會兒吃一塊，一會兒吃一塊，一盤糖一天就沒了；再放一盤，三天沒了；再放一盤，勸他吃都不吃了。吃素也是一樣，也不要硬性強求，刻意強求就會在壓抑到一定程度以後大爆發，或者你的身體就弱下去了。

有人問：「老師，你怎麼不提倡吃素呢？沒看一個修行人不提倡吃素的。」我現在也吃素，修到一定程度一定境界以後，看見肉自然就不想吃了。為什麼？修到一定程度之後，身體自然而然變得通暢，不再堵塞，自然而然與大自然進行訊息的溝通，而訊息就是能量。所以修行人，自然就會清心寡欲。修行人絕不會油頭粉面、大腹便便，不可能。那不是修行人，修也是修偏了。

真正的修行人，越修跟大自然的溝通交流、能量互換越順暢。一點一點就清心寡欲了，這是一個自然的過程。看見肉不是不吃，可以吃一點，但是一小口就差不多了，給你大塊肉根本就吃不進去。就算你能吃，也是表法，啥叫表法？總不能我是修行人我吃素，顯得自己很高尚，別人都很俗，弄得一桌人吃飯，別人吃點肉好像犯多大罪似的，這不是在造業嗎。現在很多所謂的修行人，吃飯的時候「阿彌陀佛，對不起，我吃素，我吃點肉邊菜」，結果顯得一桌人好像都很俗，

好像別人都是低等人似的。

　　真正的修行人，隨順眾生。吃豬蹄時人家抱歉：「范老師，實在對不起，你看我就喜歡吃個豬蹄兒，這紅燒肉就是離不了，你看我俗的。」我就問豬蹄在哪兒呢？來，給我也來一個，大的給你，小的給我。人家又疑問了：「范老師，你也吃豬蹄？修行還能吃豬蹄？」那我為啥不能吃豬蹄啊？心中是素，啥都是素。心中沒有豬蹄，啥都不是豬蹄。全桌人一片歡呼，原來范老師也吃豬蹄。哎呀，大家敞開了吃，還在糾結說：「老師，難道不應該是做個表率，告誡大家要多吃點素，要多行善，少殺生嗎？你這是隨順眾生嗎？你是不是在帶大家作惡呀？」這你就錯了，這樣做就不是真正的修行人了，你想得太多了。

　　當大家都不接受你，你跟人性去做對的時候，你覺得大家會怎麼樣？壓抑、壓抑、壓抑，壓抑到一定程度就會有一個大反彈。眾生吃肉沒有錯，中國人真正能吃上肉才幾年，那是在改革開放之後，到現在也才四十年左右，結果現在就開始說吃肉是罪惡。那中國人的體格和俄羅斯人去比一下，俄羅斯人天天肉蛋奶，吃肉對我們的身體是有幫助的啊，人家胳膊比我們腿都粗。以後如果要真打起來了，人家一個人打咱們十個，人家是虎狼，而我們是牛羊，十頭牛打一隻虎試試。這已經是直接涉及到整個民族性的問題了。我不提倡大家吃素，肉蛋奶不可以缺，尤其是孩子在長身體的時候，肉蛋奶糖都不可以缺。

家長又問：「那老師，能讓他那麼使勁吃嗎？」你讓他吃幾頓試試。為什麼現在的孩子常年使勁吃肉、使勁吃糖？不就是因為平時你天天給他灌輸吃糖吃肉是不對的，壓著孩子，結果孩子就沒完沒了的想吃。你放開試試，不要那麼焦慮，試試放開，讓孩子去吃肉蛋奶，吃糖補充大腦。孩子吃一個星期以後，你再看孩子自然就平和下來了，身體需要什麼，他自然會去攝取什麼。要相信自己的身體，不要總把你作為家長認為對的東西強行的加在孩子身上。慢慢的你會發現，基本上你認為對的全是錯的，就是那些你認為對的東西，把你變成了凡人。你認為對的全是錯的，那顛倒過來，你就是聖人。你能做到這一點嗎？

　　就是因為你認為從小受到的那些教育，得到的那些知識，是對的，並按照那個去做，你才變成凡人，越來越凡，越來越俗。而真正的修行，要逆則成仙。從天人依次是阿修羅、人，然後是畜牲、惡鬼，這個順序叫順，越順越墮落。順則成人，逆則成仙。要真的想修行得道，真的要得道，就要把你認為對的全都顛倒過來。善惡你都不知道，你以前做事都是按照止惡揚善去做，你認為這是對的，分享給別人就是對的，幫助別人不害別人就是對的，但你如果按照這個去做，你就是個普通人、凡人，你會造你的業。做善事還能造業？後面有機會，我們好好講講因果，看看《六祖壇經》怎麼講因果，看看天天做好事，是不是就在造業。

　　像梁武帝，自己特別勤儉不浪費，基本上把所有的錢都用來建廟、

養僧人，鼓勵大家出家修行，這是不是大善啊，結果死得那麼慘。達摩告訴他：「實無功德。」把梁武帝氣得直接把達摩祖師趕走了。梁武帝認為自己造了大福、大功德，至少達摩得說他一句「福田廣大」，結果達摩告訴他實無功德，其實後面還有一句：「實造大業」，達摩憋住了沒說，否則就把他殺了。佛祖也得保命啊。梁武帝看著好像在做好事，結果把國家搞得一片蕭條，如果他兒子再不聯合宦官把他殺死，整個國家就完蛋了。他兒子即位之後，就開始滅佛，把所有的寺廟拆掉，把僧人都趕回去家去幹農活、上稅，這樣國家的經濟才開始恢復。歷史上興佛的四大朝代都很慘，而滅佛的四大朝代更慘。那誰是始作俑者啊？

有人質疑：「你的話是不是在貶低佛祖，貶低佛法！」錯了，我是要給大家傳遞真正的佛法，真正的佛法絕不是讓大家都變成吃素的，本來大家都是虎狼，學了佛以後變成牛羊，絕不是這樣。真正的佛法是讓大家昇華，你是牛羊，你甘心做牛羊你就做牛羊；原本都是虎狼，如果你要想變回虎狼，佛法就能告訴你怎麼恢復成虎狼；如果你想做天人，想做天兵天將，想成為大菩薩去救助八方，那佛法就使你昇華，讓你往上而不是往下，這才是我要傳的真正的佛法。

修行界太多假的東西，大家學佛越學越沒有力量，越學越沒有積極性，越學越沒有鬥志，越學越弱，天天就是和諧，天天就是與人為善，天天都在成人之美，這不是佛法。佛法是圓滿之法，是平衡之法，

是最有力量的，是最積極進取的，是最向上的，是最圓滿的，你想要什麼就能有什麼的。佛法沒有那麼多的制約，沒有那麼多的束縛，佛法是最解脫、最活潑、最豐富多彩，而非死氣沉沉。不是越學佛法，我越與世隔絕，而是越學佛法，我與世界的交流溝通越積極、越進取、越向上、越有力量，這才是真正的佛法。我們要學，一定要學這樣的佛法。

我們要吸取歷史的教訓，不可以去學統治階級要的佛法。老百姓本來是豺狼虎豹，統治階級為了更好的統治，宣傳佛法讓大家吃素，讓大家禁欲，這樣就把你的野性、把你的力量，都束縛起來，虎狼就變成了牛羊。告訴你乖，告訴你巧，告訴你聽話，告訴你不要反抗，告訴你沒有力量，你天天吃素，越吃素、越禁欲，越沒有力量。有人說：「老師，全世界講佛法都沒你這麼講的。」是沒我這麼講的，願意看的繼續看，不喜歡看的，以後再也別看了。

第十四章

一切萬法不離自性

【祖以杖擊碓三下而去】，這裏還有暗號，五祖弘忍用他的手杖擊了三下碓坊的石頭，走了，話也沒說。這個舉動如果是對神秀，那神秀又不知得想多少，「這是什麼意思？要怎麼樣呢？」【惠能即會祖意，三鼓入室。】想也沒想，這就是自心常生智慧，不離自性，沒那麼多的顧慮和想法。類似的場景在孫悟空拜師的時候也出現過，他的師父須菩提用拂塵打了孫悟空三下，別人都沒看明白，孫悟空明白了，半夜三更就去師父那兒。六祖惠能三更入室，也就是半夜的時候來到五祖的房間。為什麼這樣？就怕隔牆有耳。如果五祖在碓坊直接跟惠能說：「你三更天到我那裏去」，別人聽見了也偷偷過去，說不定全寺一千多弟子半夜都在外邊偷聽了。法不是顯傳的，如果顯傳的話，教就行了，為什麼還怕大家知道，非要半夜去。這不僅僅是把衣缽傳給六祖，還要傳他法。

傳什麼法，這麼祕密啊？後面怎麼傳的？【祖以袈裟遮圍，不令人見，為說《金剛經》。】《金剛經》正常講不就行了。五祖平時給弟子們講課，不也講《金剛經》嗎？還偷偷摸摸，怕人知道。我們都能想像當時的場景，六祖惠能進來後，五祖肯定是看看外面有沒有人，然後將門鎖嚴，用袈裟把窗戶封得嚴嚴的。古時候點蠟燭，燭光會把屋內的人影映在窗戶上，五祖這是怕別人看見窗戶上的影子，就用袈裟把窗戶封嚴，從外面看不見燈光，然後為六祖說《金剛經》。

《金剛經》光明正大，別的弟子聽見了又能怎樣？可見五祖傳給六祖惠能的絕不是公開能講出來的內容，是有密法要傳。這就是我們前面講的任何經典要想看明白，不是從字面上理解或者師父把字面的意思講解清楚，你就能明白、就能開悟。師父在字面上講的，要比你自己理解的要深得多，基本上都是顛覆你認為對的那一套。但是，師父在傳法的時候，必是有顯有密。真正的經典，要想得到真實的含義，首先師父要在理上給你正知見、正觀念，把理搞清楚，這是顯學的部分。當你知道這些理，有了正觀念、正知見以後，師父一定還要有密傳，密傳是打開經典寶藏大門的鑰匙。你必須得拿到這個鑰匙，否則只有顯傳的部分，你再明白這個理也沒用，因為用不了。師父密傳給你的，就是告訴你怎麼才能把這部經典裏講的，真正應用到現實中來。

　　五祖教惠能怎麼應用，教了多長時間？惠能三鼓入室，天沒亮就教完了，然後六祖惠能就跑了。傳什麼東西能這麼快？如果是傳理法，像《金剛經》內容也不少，五祖弘忍是一句句講嗎？絕對不是。為什麼還把窗戶都給封上，不讓別人偷聽？其實，五祖弘忍是在傳六祖惠能密修的部分，是把如何運用心法，如何運用佛法、《金剛經》的鑰匙給他。

　　否則，你天天聽我講《六祖壇經》，都已經聽了這麼多，理全都在這了，你在現實中運用試試？《六祖壇經》怎麼治病？怎麼破除障礙？怎麼斬妖除魔？玄學五術的山醫命相卜，最厲害的都在這裏了，

你怎麼能得到這些呢？那一定是在通達這一套顯學的基礎上，有了正知見，我再把鑰匙給你，把你的天眼打開。天眼可不是透視眼、陰陽眼，什麼一下子看到身體裏面，不是那麼回事，那不叫天眼。天眼打開，五眼六通，然後直接就告訴你怎麼運用精神領域的力量，這就是密傳的東西。你必須得拿到這個鑰匙，然後才能運用這套東西，否則你天天聽我講《六祖壇經》，聽一年也沒用。只是在理上能通，在術上根本就不知道怎麼回事、怎麼運用。別人有病了，不知道怎麼用《六祖壇經》、怎麼用禪給人治病。有人家宅不安、鬧鬼了，你《六祖壇經》都修一年了，他找你幫忙處理，結果你嚇得說，「我是信佛的，不管鬼」。佛法是幹什麼的？佛法、道法是最實用的，是解決問題的。如果什麼問題都解決不了，你天天念經、念咒幹什麼啊？所以必須得有密修的東西，得有那把鑰匙。

五祖弘忍讓六祖惠能半夜進到他的房間，傳衣缽是次要的。如果只是給他衣缽，六祖天天在碓坊的時候，五祖弘忍直接帶著衣缽去，看沒人的時候塞給他，讓他趕快跑就行了。幹什麼還要叫他半夜來房間，那麼多弟子這幾天誰能睡著覺啊，神秀就睡不著，說不定半夜在門口蹓躂，多危險呀。六祖惠能進來的時候，萬一叫神秀看見了呢，這是冒著很大的風險的。為什麼要這樣？就是真的有東西要傳給他。

有人問：「老師，為什麼這個東西要密傳，怎麼就不能傳給神秀他們呢？密修的東西應該所有的弟子全都傳呀？」錯了，不是這樣的。

如果連理法都不清楚、理都不通，就傳密修的東西給他，那是在害他。他一下子就會奔著密術去了，修密術之後既能斬妖除魔又有神通，又能給人看病，後面天天就只搞術了，這些本身都是助行。這些神通、密術，很容易就把人帶向偏執、執迷，那就成魔了。後面還得收他，豈不麻煩。《西遊記》這些神仙小說裏面不都是這樣的嘛，弟子學了密術之後，能通天徹地，能斬妖除魔，一下就開始鑽研密術，本體的東西反而就不修了。

本來，修本體和修助行相輔相成，是個太極，一陰一陽、一黑一白，兩個融合起來是一個完整的太極。但如果真是根性不夠，或者對理的理解根本不通達的話，他就會偏向於黑，就會覺得理沒有力量，知見觀念沒有力量，就想要力量。通天徹地多厲害呀，他就會覺得這個修起來才是真功夫。這樣就會太側重於黑，太極就會不平衡，白的東西不在乎，本體就不修。斬妖除魔的力量越強大，就越偏執於這兒，本體就更不修，這樣一點一點就成魔了。

如果成魔了，他師父到時候還得來收他，把他那些功力通通都給收回去。有人問：「老師，能收回去嗎？」怎麼收不回去，師父一念就收回去了，你以為是他自己練的嗎？不是那麼回事。因為容易出現這種局面，所以密修的部分不是普傳的，要看弟子對理、法、道的通達情況。通達以後密修就很簡單，開個天眼，直接一點化立刻就能看到事物的本質，就知道怎麼運用，成、住、長住、敗、空這些一步一

步都能做。開了天眼以後，陰陽五行就可以運用，斬妖除魔、調整人的命運、調整事物的趨勢等等，都可以處理。

當五祖【為說《金剛經》至「應無所住而生其心」】時，六祖惠能一下大徹大悟，【惠能言下大悟，一切萬法不離自性】。他悟到了什麼？「一切萬法不離自性」，惠能見五祖的時候就已經說過，惠能在送柴時遇到的那個客人跟他講的就是這個，「菩提自性本來清淨，但用此心直了成佛」。惠能聽了這話就有感應，這一句話一下就打進他的心裏，他就開始練不離自性，然後自心常生智慧。那他到底從五祖這兒得到了什麼呢？一定是密修的部分，師父肯定得帶他開天眼，這是必然的。

有人問：「老師，什麼是開天眼？那得是多高的功夫啊？」錯了，開天眼是入門的最基本的東西，如果天眼不開，或者你都不知道天眼是什麼，傳統文化這一整套你都入不了門，不論國學、醫、易經、奇門遁甲。天眼沒開，做不了中醫，治不了病。很多病不是因為所謂風寒暑濕燥熱，也不僅僅是因為情緒得的，不是那麼簡單的。還有多少是因果病，多少是冤親債主，多少是因病受益啊，什麼原因都沒有，只是為了得到大家的關注，我就得病了。如果你什麼病都用藥、用針，還治什麼病呀。冤親債主，用藥能行嗎？因果病用藥、用針灸能行嗎？為了求得關注因病受益的那種，你開什麼藥、扎什麼神針能治？不可能。

只有心醫帶他入心才有可能治。怎麼能入心，必須得開天眼。天眼開了，任何病人來了，帶他一看或者自己一看就知道背後的病根是什麼，這才是天眼。沒有天眼，你醫也做不好，奇門遁甲、山醫命相卜就更不用提了。前面我們說過，山字訣首先就是開天眼。

有人說：「老師，你怎麼把開天眼說得這麼輕鬆呀，多少高僧大德修一輩子也沒開天眼。」高僧大德又如何，得看有沒有正法的法脈傳承。你以為法脈傳承傳什麼，師父密傳弟子傳什麼，只一句句講經說法嗎？誰不會講經說法呀，認識個字兒往這一坐就能講經說法。那得看你講的是什麼，理對不對，都有人會講。現在網上講《六祖壇經》的太多了，語文老師往這一坐，就能講《六祖壇經》，字都認識，從字上解，那叫學術派。

但是，講什麼都可以，千萬不要講經典，別自己害自己。你如果要講經典，認為從字面上理解是這個意思，結果講錯講反，你認為在宣傳行善，只讓大家做好事，那都是你認為，經典如果一句話講錯了，那是毀人慧命！不可以隨意去講經典，沒有通達理，天眼都沒開，怎麼敢講經典！即使開了天眼，那也得有多少年的驗證。你感悟出來的或者從師父那得到的理論體系，是需要驗證的。可能你會問：「怎麼驗證呀？是不是得找個高僧大德來幫我驗證呀？」當你的天眼開了之後，你就會發現沒有哪個高僧大德能幫你驗證，他們的眼睛都閉著，都是肉眼凡胎。

有人說，「老師，這打擊面太大了吧？」高僧大德是年齡大，年齡大就代表學識高嗎？長壽就代表他的東西就是對的，就懂佛法嗎？就能用山醫命相卜嗎？那是兩回事。六祖惠能二十多歲就得法了，別看你歲數大，見了六祖惠能也得拜人家，歲數大不代表什麼。廣西巴馬長壽之鄉，長壽的人多了，老頭往那一坐，你要問他多少歲了，可能會回答說：「不知道，反正清朝滅的時候我在場。」歲數大不見得得正法，尤其在中國，你還想得正法？文化大革命時期，大陸哪個得正法傳承的活下來了？要說在臺灣、香港，活到一百多歲的有正法，還有可能。正法與法脈現在只有臺灣有，大陸就別提了，文化大革命根本過不去。

傳承，必須得一代代的往下傳密修的東西。六祖除了得到衣缽，五祖弘忍給他開天眼傳密修的東西，更重要的一點是六祖惠能要印證。印證什麼？他聽了一句「菩提自性本來清淨，但用此心直了成佛」，馬上就明白，然後就按照這個去做，不離自性，自心常生智慧。但是他不知道這麼做對不對，現在這種智慧常生的感覺很好，佛就應該是這樣，但是他不知道這樣到底對還是不對，必須得有個驗證。怎麼驗證？是人來驗證還是經典來驗證？一定是從經典中驗證。所以，五祖弘忍問六祖說「米熟了嗎」？這句話問得有意思嗎？你教人家了嗎？沒教人家你問米熟了嗎？這個米你還沒蒸呢，你就問熟了沒。

其實，五祖弘忍已經知道不用教，六祖惠能已經悟出來了，從他

給人家送柴的時候，聽到客人在念《金剛經》，透過客人說五祖弘忍教的是「菩提自性本來清淨，但用此心直了成佛」，透過這一句話就悟出來了。心有所悟就開始修，一直就這樣修，但是不知道修得對不對。所以，到了五祖弘忍那兒的時候，五祖弘忍問米熟了沒，就是問修得怎麼樣了，六祖回答說熟了，就是說「你不用再教我這些東西，我已經練得差不多了，但是還需要「篩」一下，就是最後過濾一下，要有個印證，要濃縮，要得到精髓。所以，五祖弘忍更重要的是在這一晚上用《金剛經》來給他做印證。《金剛經》就是在講本體。從五祖弘忍之後，《金剛經》就作為是不是開悟的印證。

　　《金剛經》是佛菩薩的弟子問佛菩薩：「如何安這個心，心總安不住，跳來跳去的，怎麼能給它安住？」然後，佛祖就給弟子開講《金剛經》的無相，《金剛般若波羅蜜》是最高的境界、最高的智慧。這是開悟的經典，講「無我相、無人相、無眾生相、無壽者相」這些內容。當五祖弘忍講到「應無所住而生其心」的時候，六祖惠能一下就開悟了。並不是說聽到這句話開悟，而是這個話跟「不離自性」一下就契合，什麼叫不離自性？就是「應無所住而生其心」。如果止念沒有念頭，心都不生了，就是鐵板一塊、石頭一塊，那不叫生心。心還得生，但是怎麼生這個心？應無所住而生其心，心在那生著，但是沒有什麼滯礙，周流不息。心是怎麼滯住的？怎麼能把意識流給堵住？只有一點，就是於境上生心、念上生念的時候，你的心才執著於一處。

我們講了許多，講「菩提自性，本來清淨」，什麼叫清淨，不是停住了不動，不是死水一潭，而是正常的周流，不生一心不加一念，自然而然就周流，但一生心一加念就停住了。比如，別人誣告我，這個事是好是壞呢？本來別人誣告你，也是非常正常的周流，誣告就誣告了，結果一下生念，「為什麼誣告我？」本來正常往前流了，這事已經是過去的事，有人誣告你，昨天你收到法院的傳票，昨天收到這個訊息，但是今天還住在這上面。「為什麼呢？那我怎麼辦呢？是不是得找律師？是不是得找法官？」結果一個月、兩個月、一年你都住在這上面，這就不是「應無所住而生其心」了，你就執著於此了。

又問：「老師，那我該怎麼辦呢？難道我不執著，就是不想這事嗎？」不是的，事情來了直接應就好。要說應怎麼應？我直接找個律師讓他去應對嗎？不是那麼簡單。凡事有內應有外應，內應直接找其根源：現實中這事一出現，馬上先去找它的根源，在我的內心中必有衝突的人格，我的兩個人格衝突，所以現實中才有人告我。內心衝突一化解，這事就不用去管它了，撤不撤訴那些都是對方的事了。正常來講，找個律師幫忙處理這事，交給律師然後你就別想了。

還沒理解又說：「老師，哪能做到啊！我幾個月都睡不著覺呀。」等案子撤銷了，搞得好幾個月都睡不著覺，氣人不？這幾個月你就住在這事上了。你能做到去過不留嗎？內心一找，外面一交，安排完就不管了，能做到嗎？太難了！但是我們要練，我們練的就是這個。

又問：「老師，我什麼也不想了，結果找個破律師，沒處理好，法院給我判刑，怎麼辦？」判了就好好進監獄呆著，反正都過去了。你說：「怎麼能這樣？這是修行人嗎？」你還能怎麼樣呢？你天天不睡覺在那煎熬，對這個事情就有幫助嗎？凡人想放也放不下，為什麼？凡人會想盡各種辦法，去送禮，天天去跟律師研究，凡人就是這樣。真正的聖者碰到這種事的時候，真的是先向內相應，找根源，然後化解。

其實，當你真的修到一定境界的時候，外面發生的任何事在內心一定都能找到根源。內在根源化解後，外面理都不用理，不用去管它，你看看外面事情的變化。但是作為凡人來講，就不相信，怎麼可能自己在家打打坐，把衝突的人格化解了，外面就不用管？你就不相信會有奇蹟出現。因為你不知道它的根源是怎麼回事，真相是什麼。真相是一切都是源自於我們的內心，都是我們的心投射出去的，這一點你相信嗎？

如果你相信一切都源自於自己，外面所呈現的任何狀態都是內心投射出去的，不管外面出現什麼不圓滿、不如意、或者障礙、衝突，都去調整自己的內心，只調自己不管外面，任何事情都反觀自心，不假外求，向自己來看。當然話又說回來，如何藉由外面發生的事找到內心的根源，反觀是需要方法的，這是需要密傳的術。你在外面有個官司誣陷，不是說你想化解自己衝突的人格就能化解了，是有方法的，

這個方法需要密傳。我們現在先說這個理，先把理通透了，這就是佛法的精義，佛法一定要落在實處，一句話就解決問題。

第二節｜自性觀音　一切唯心所造

要說整部佛法三藏經內容可多了，佛法的經、律、論要是擺起來，一棟房子都不夠裝。但是如果用一句話來精煉，把整個佛法全都給概括，那就是「一切唯心所造」，所有的佛法就在說這一句話。你相信嗎？如果連這句話都不相信，修什麼佛？念什麼阿彌陀佛？打什麼坐都沒有用。你相信一切都是自己的心造的嗎？現實中出現的一切都是自己造的，是不是只有自己才能改變呀？佛法是最不迷信的，真正的佛法一定是事事都能驗證。如果學佛法學到正路上了，學的是正法佛法，就能神到想求財立馬大財就來。

有人就問：「老師，怎麼來呀？我天天念佛財就來呀？」如果你念佛念對了，那「一切所求皆悉圓滿」。但是你念不對，「阿彌陀佛、阿彌陀佛……」只是口念而心沒念。你的心哪怕念一句「阿彌陀佛」，哪怕四個字只念了三個字「阿彌陀」，後面的字都沒念，夠了，財立馬就來。不要以為你會念佛，就連那些天天給人講經說法的，天天說阿彌陀佛好的，都是嘴上念佛，心裏一句都不念。口念心不念，喊破喉嚨也沒用，這就是不掌握方法。

如果掌握了佛法，真的就能做到隨心所欲，真的就能做到「一切所求皆悉圓滿，無有差者」。差了就不是佛法了，那必是一一對應。有人問：「老師，我信觀音菩薩，天天拜，天天念阿彌陀佛，怎麼就不對應呢？」你知道方法嗎？你根本就不知道是什麼意思，天天念，那是在跟菩薩做交易，你念一百句阿彌陀佛，菩薩得給你這個給你那個。那我們求佛菩薩，跟他做交易行不行？不是不行，但是你得念啊。「老師，我天天念幾百遍上千遍。」那叫口念，我們說的是心念。哪怕有一句用心去念了，你的願望觀音菩薩立馬給你實現，你那點小願望算個啥？你求的又是誰？

　　外面有觀音菩薩嗎？你求的是誰？你求的還是自性觀音，你求的還是自己的觀音。你求自己的觀音，自己的觀音會不會給你想要的東西？當然會給。但是你求過嗎？「老師，我天天在求啊。」那只是嘴上求，而不是心裏求。觀音感應的是你的心，不是你的嘴。嘴上說我要大財，但是心裏面不想要，不要以為自己真想要財。最想要什麼，現實中又沒有實現的，那一定是自己最恐懼的。不要以為說自己真的想要財、想要幸福、想要孩子，全是嘴上想要，是頭腦中想要。「一切唯心所造」，這是佛法的精義。一定要記住，一切是心造的，心要才能造，只是嘴上要那心就不給，這就是佛法。哪怕心生一念「我真想要孩子」，立刻你就懷上，怎麼懷的不知道，反正必有機緣，一定會懷上。

「老師，我要財，我天天想要財，想成為世界上最富有的人，我是最優秀的，我一定要成功。」成功學裏天天有人這樣喊，為什麼不見效？成功學出現那麼多年，有幾個人透過成功學真成功？為什麼現在成功學沒落？不見效。為什麼不見效？天天就叫大家喊，特別激情的喊，最後魯蛇還是魯蛇，騎自行車的連摩托都沒換。喊了十年了，還有勁兒再喊嗎？

　　天天喊破喉嚨，我要發財，但是內心巨大的障礙、恐懼，越喊要發財心裏面越害怕發財。你說：「老師，怎麼可能害怕發財呢？我天天在求，怎麼可能害怕呢？」你如果真的不怕的話，財就來了，你就發財了。為什麼發不了財，財是不是你心造的？你的心不會分辨是非，它只做一件事，就是對你好。你又說：「老師，我的心對我好，就應該多給我錢啊？」錯了！就因為你的心要對你好，所以不讓你有錢。

　　你從小到大看到的都是有錢不好，村裏的首富被土匪進家謀財害命，一家人全殺了，你的爺爺在旁邊就說：「孩子，看見沒，這就是有錢人的下場。」在你心裏就種下有財就會被謀財害命，意味著有財就沒命了。這個恐懼的種子種下之後，孩子小的時候一旦認同，長大後這孩子就不敢發財。恐懼的種子已經種到潛意識深處，也就是心裏把發大財和害命連接到一起，發財後命就沒了。頭腦意識你還天天想要發財，但潛意識裏內心深處卻種下了這樣的種子。所以，當你一有發財的機會，馬上要拿到錢的時候，障礙就來了，錢就拿不到，急死

你了。哪兒急，頭腦急。

但是誰障礙的你？你以為是外面人障礙的嗎？還四處去算卦，為什麼動不動就破財，為什麼一拿到錢馬上就生病，為什麼一要拿到大計畫就有災禍，錢就拿不到了？高僧大德說你燒幾份高香吧……別扯這些東西，這都叫不如法，這根本就不知法。真正的佛法不是讓大家去燒香念佛就解決問題，而是要反觀自己內心，任何現實中的不滿、不足、缺失、有漏，都一定要返回內心去找根源。「一切唯心所造。」觀音菩薩不管你這事，你一求觀音菩薩，觀音菩薩馬上給你財，那不是觀音，那是魔。真正的觀音菩薩是指點你找到明師，明師讓你反觀內心，一下就找到自己為什麼現實中總是破財、總是沒有大財來、一有大財就有障礙。

明師就會透過這個現象，帶你進入內心找到根源，原來是你心中對巨大財富深深的恐懼。謀財害命，有財就沒命了，你的心對你好的話到底是要給你財，還是要保你命？肯定是保命要緊，發財是外面的，生存是第一位，然後繁衍是第二位。這就是我們的潛意識，我的心為了保證我們正常的延續狀態，第一位，所有涉及到生存的，心都會給我們屏蔽。既然發財影響到你的生命，造成威脅，心一定不會讓財進入到你的生活中，一定財一來就給安排走，要來的時候就給擋住。

所以，我們要化解內心的恐懼。真的發財就都沒命嗎？發財就都進監獄嗎？發財就都被人算計嗎？發財的全都不是人了嗎？把這些

一一破解掉以後，你的心一下認識到，原來不是發財了就得沒命，原來發財挺好，原來越發財我的生命質量越好啊。你的心一旦有了這個想法，它是不是馬上就給你財呀，這才是真正的佛法。真正的佛法絕不是迷信，一切都是從心上下功夫。所有的佛法就講一句話，牢牢的記住這句話，「一切唯心所造」。一切都從心這裏要，這是本體，這才是真正的佛法。

想要健康嗎？不健康是不是心造的，健康也是心造的。要財富嗎？要幸福嗎？要平安嗎？你因為發財給人行賄，進監獄了，誰要的？誰造的？那不還得是你想進監獄。你說了：「那不可能，我想進監獄？我最怕的就是進監獄。」你真的把這個理通了，就進不了監獄了。真正的佛法能做到我不想要的，任何人都不可以強加於我！我不想自己得病，哪怕是 SARS 傳染病你在旁邊護理也得不上。我不想進監獄，誰也別想讓我進監獄。我不想死，沒有任何人能讓我死，這才是佛法，關鍵是你信嗎？

憑什麼信，真的得通達理，理通達了你才會真的信，這叫正信。有了正信之後才會有正念，有了正念才能有正語、正業、正精進，然後才能有正定、有正命，你的命運才真的掌握在自己的手裏，這個就是佛法，《金剛經》就講這個。

《金剛經》講，當你為了做好事去做好事的時候，這個叫有意的布施即有相布施，而不是無相布施。所有的有相布施功德太小了，幾

乎沒有功德，天天做好事都不行。無相布施，哪怕你發一念，你真的就是去做事，不生做好事的心而去做事，而自己不覺得這是好事，就想這麼做，這叫無相布施。生了這個心想幫助別人，而不是因為幫助別人我會有功德才去做，幫了就幫了，這叫無相布施，這個功德太大了。平時做事的時候怎麼做，「應無所住而生其心」，做就做了不去想那麼多，這叫不離自性，自然而然就會心中常生智慧。

整部《金剛經》其實就告訴我們放下有形、放下有為，「一切有為法，如露亦如電，如夢幻泡影，應作如是觀」，「一切相皆是虛妄」，「若見諸相非相，即見如來」。怎麼樣才能見到如來，怎麼才能去到靈山找到真佛，見到真佛才真的能學到正法，《金剛經》就是帶我們走入正道正法的經典。其實講來講去還是一句話：「一切唯心所造」。

學佛如果三藏經典經、律、論全看了，到最後你就會徹底懵了，經典絕不是看得越多越好，因為好多經典如果只是從文字上分析，都是悖論、矛盾的。這個經這麼講，那個經那麼講。比如《六祖壇經》裏講「要想修真道，一切盡不妨」，什麼都可以。《楞嚴經》上又講，如果不禁男女之欲，要想成佛就像把沙子煮成米飯，根本不可能。《六祖壇經》講一切盡不妨，《楞嚴經》講不禁男女之欲成佛不可能，到底哪個講的對？當你在文字上去分析經典的時候，就一定就是悖論，都是相互抵觸和衝突的，你根本看不明白、看不懂。

其實，《六祖壇經》講的也對，《楞嚴經》講的也對。好比我的

拳頭是佛法，《六祖壇經》是從手心這個角度講，《楞嚴經》是從手背這個角度講，《阿彌陀經》從手指這個角度講，藏密那就從手腕這個角度講，這些都是佛法。沒有哪個對哪個不對，都對。佛法是一個立體的東西，當從手心看的時候我知道原來《六祖壇經》是從這個角度入到了中心，《楞嚴經》是從手背這個角度進到中心，《阿彌陀經》原來從手指這個角度進，這樣我明白了都是一回事。站在開天眼的高度，天眼看到的是整體，肉眼看到的是碎片。睜一雙肉眼，天眼都沒開，只看到一個碎片，這就叫肉眼凡胎。《六祖壇經》講的就是手心這個佛法，轉到手背就不認識了，這是佛法嗎？這叫肉眼凡胎，只是看到一個面。

肉眼凡胎和天眼到底有什麼區別？天眼絕不是市面上說的，修了天眼就可以看老婆在家幹什麼，看隔壁美女洗澡，或者說他穿多少衣服我也看透他，那不叫天眼。你看我修得前額開始鼓了脹了，開始有光了，認為就像一個屏幕似的蹭蹭在那閃。可別再閃了，再閃你該就進精神病院了。啥都不懂，這哪是天眼，這都是修邪法。真正的開天眼是，一下就看到任何事情的全貌和本質。

透視眼是特異功能，一下看見你身上有個瘤。別胡扯了！你就說：「老師，有啊，特異功能大師真的能。」那是時靈時不靈。平時大家在一起聊天的時候，隨口一說你身上有個瘤，一查真有個瘤，可了不得真有個瘤，真是天眼，真太厲害了。這算什麼天眼？你說：「老師，

你看他真的說對了。」告訴你，一大半人身上都有瘤，沒說的時候你不去查，一查都有。別去查，大多數人都是帶著瘤正常的生活，然後壽終正寢，一查出來就麻煩了。沒查出來的時候就是波的狀態，無限種可能，過一段時間就沒了，一旦查出來就叫觀察者出現，變成粒子的狀態，看見腫瘤了，再想消就不可能了。

那是不是別做體檢？你自己去想，好好的不難受做什麼體檢？哪兒有問題的時候再去看一下，但是你看的時候也不是什麼都看。有人說：「老師，那不是要防患於未然嗎？」問這個問題，就說明你就不瞭解整個身體的構造。身體是怎麼來的，病是怎麼回事，這些都不瞭解。你就把自己當成一個機器，我的車如果哪兒磨損了，有問題提前發現了，那我就能處理，這是對機器來講叫防患於未然。人可不僅僅是機器！人到底是怎麼回事？疾病到底怎麼來的？

一切唯心所造，病來幾秒鐘就來，一個腫瘤的形成用不了一分鐘，這都是西方醫學的科學實驗提出來的。一個腫瘤要想生成用不了一分鐘，你要消掉這個腫瘤從理論上講也不用一分鐘，但為什麼病來如山倒，病去如抽絲呢？是因為當你看見這個腫瘤的時候，你所有對腫瘤的知見和認識就出來了，首先是「媽呀完了，腫瘤出來了，我該死了」，然後又想「消掉這個腫瘤太難了」。難什麼難？一分鐘就出來了，因為你認為它難它才難，都是心！

當你真的把佛法這套東西學好了的時候，你就知道原來都是心造

的。把根源找到化解掉，腫瘤馬上就消失。我的學生當中就有這樣的，化驗指標都是腫瘤，而且癌細胞已經擴散了，找到根源化解掉，然後再去檢查，醫生都震驚了。現實中這樣例子很多，但你不信的時候拿多少例子都沒用。其實信或者不信在於跟佛法或者老祖宗的智慧有沒有緣，理論上所有人都可以學，但是有沒有緣很重要。

緣是什麼？有的人直接就能領悟，直接就信了。所謂「上士聞道，勤而行之」，意思是說好根性、上根之人，一聞道就勤而行之；「中士聞道，半信半疑」，就是說到底是不是呢？我先練一練，但是練兩天就覺得有點質疑：「那麼大的腫瘤，真的像老師說的那樣，化解根源就馬上沒了嗎？不太可能吧？」這就是中士，會被現實迷惑，被眼睛所騙，看不到事物的本質。但是上根之人一聽就明白這個理，馬上跟進，勤而行之。然後在他身上就不斷的有奇蹟出現，他的人生就會變化、昇華，到最後甚至虹化。中士就相當固執，又想求道又固執，又被自己的所知障障著，被表面的現象迷惑著，中士聞道就半信半疑，驗證了就相信這是真理，好好練；換另一件事沒馬上驗證就認為是假的，別耽誤時間了，還是回到現實中吧。

「下士聞道，哈哈大笑」，講的什麼啊！一個老師穿個白衣服，在上面胡扯，說一個腫瘤一分鐘就生成，幾秒鐘又沒了，怎麼可能！一個瘤要想形成是因為我的作息時間不穩定、飲食習慣不好、又抽烟喝酒、又天天做惡事、罵人傷人，這些因果積累，好幾十年形成一個

腫瘤，你說馬上就能消散，可能嘛！哈哈大笑，淨胡說騙人。這叫「下士聞道，哈哈大笑！」後面跟著一句，「不笑不足以為道。」真正的道、真正的真諦、真正的真相，就是和你現實凡人認為的是相反的，所以叫不笑不足以為道！

第十五章

應無所住而生其心

第一節 | 修羅科技毀地球　乘願再來破邪宗

「應無所住而生其心」，六祖惠能透過這句話有所領悟，大徹大悟。什麼是大徹大悟，他到底悟了什麼東西？其實，六祖惠能一直在按照這個方法修，不離自性，自心常生智慧。只是當五祖弘忍給他講這句話的時候，印證他所修的方法是正確的，是正路。他這叫證悟，被印證。五祖弘忍教他什麼嗎？沒有，無須再教了。因為他已經知道本體，而且在修這個本體。也就是說，時時都在禪定中。

現在市面上這些修行，天天打坐，天天念佛、吃素，這叫助行。在打坐的時候，什麼入定、鬆靜定、戒定慧，理解都是錯的，這麼修行是修不成的，而現在 99.99999% 的修行人還都在這麼修。一千三百多年前唐代中期的時候，六祖惠能出世破邪宗，告訴我們見性法才是唯一的一條正道，要從理上明，明心見性，找到你的心，知道你的本性是什麼。本體找到了，自然能走上修行的一條正路。

神秀和惠能，都是一個師父教出來的，但是一個是漸修的路，一個是頓悟的路，一個師父教出來的倆徒弟完全不一樣。神秀代表的就是傳統意義上的修行方法，天天打坐、勤奮的苦行。苦行本身是印度特有的一種修行方式，佛法在印度出現之前，印度婆羅門教，就特別強調苦行，直到現在，印度還有上百萬人天天都在苦行，這是印度的一個傳統。

但是，佛法到了中國之後，多數修行人還在走這條路，把自己搞得很慘，不結婚、禁欲、吃素。吃純素吃到什麼程度，就是白菜泡水一煮，然後走到哪兒還得背個鍋，不能用別人的鍋，連個油腥都不能沾，天天就那麼吃，一點鹽都不加。

印度的這個苦行，釋迦牟尼佛在當時都練過，他修得苦多了。但是，釋迦牟尼佛最後告訴大家，這個都不究竟，這是外道。但現在有多少人都在修外道，以為讓自己吃苦就能得樂，以為吃苦好像就能有成，好像不吃苦、不受虐就不是修行人。

六祖惠能在《六祖壇經》裏一再告訴我們，行禪行禪，行其本體，一定是我們越修越圓滿，要想修行，一切盡不妨，去掉所有那些有形和有為的修法。定是什麼，禪是什麼？六祖修行怎麼修？他在砍柴的時候，也在定中；在伺候老母親的時候，也在定中；在路上走，在去黃梅向五祖求法的路上，也在定中；甚至睡覺的時候都在定中。怎麼能在定中呢？修行就是這麼回事，有意識的時候你會修得時時念念都在定中。

都在定中，可不是說好像很多修行人說的，以為自己儘管沒有打坐這個形，但是自己平時都在進入一種狀態，好像是看著自己的這個念頭，在一種靜定的狀態，然後旁邊人說話都不理。要是你的身邊有這麼一個修行的人，他往這一待，大家十幾個人在那聊天，這個人傻呵呵的，自己在這定中，別人跟他說話他也不理，開玩笑的時候，因

在定中而不苟言笑，別人喊你一聲，你也不出定，特別格格不入。那不叫定，那叫死定，死水一潭，根本就不理解什麼是定，再這麼搞下去就瘋了，都是瞎扯。

六祖惠能後面就告訴我們，他為什麼會出世，他都已經成佛的人了。沒人教，他怎麼就會呢，他這叫乘願再來。人家已經是佛、已經是菩薩了，乘願再來，就是再化人身，來教化有緣的這一方中土的人。六祖惠能他教化世人，不能說一個砍柴的直接坐路邊跟人們講法，誰聽他的啊？沒辦法，在世間他得隨順眾生，他即使是開教化之門，也得隨順眾生。怎麼能隨順眾生呢？你是什麼身分，誰認可你，誰給你投信任狀，誰給你做擔保，擔保你修成了，你修的這個法是正法。所以，他到五祖那兒去幹什麼了，他根本就不是學法去了，你看五祖教了他什麼嗎？可能密修的術得教，但是修本體這方面都已經不用再學什麼了。

五祖直接問他米熟了嗎，人家說早就熟了。不是說我幾年前熟了，或幾天前熟了，那是多少世以前就已經熟了，百千萬億劫前就已經熟了。「猶欠篩哉」，意思是你再篩一下，就是給我驗證一下，再跟我說一下，給我一個信任狀。啥是信任狀呢？就是那個衣缽。釋迦牟尼佛當時持的缽，還有他穿的袈裟，那都是寶貝。衣缽代表著「法」，代表著正法正脈。釋迦牟尼佛把自己的袈裟和化齋的缽給到誰，正法就傳給誰了。

其實相當於六祖惠能乘願再來，找五祖弘忍要衣缽，得個驗證。五祖弘忍把衣缽傳給惠能，惠能得了正法，就可以名正言順的出來講經說法了。他後面來在廣州大梵寺講經說法，還不是因為大家聽說五祖弘忍把衣缽傳給了一個傳人，這個傳人不是佛門中人，沒剃度，還是一個魯蛇，一個獦獠。大家都在找，找了十多年也找不著這人，有的人要殺他搶這個衣缽，有的人找他是跟他學法。他名聲已經在外，是因為在黃梅五祖把衣缽給了他，他才有了這麼一個信任狀，然後他往這一坐，說他就是得衣缽的那個人，他說的那些理法術、那些話，教大家的那些修行的方法，大家才能認同。不然的話，你一個魯蛇、砍柴的，還不認字，在獵人隊裏面給人做飯，幫著人家拉獸網，這些都是現實中最低級的活，這種身分，別人怎麼能認同你呢。所以，他在五祖這得的就叫「猶欠篩在」，印證一下，篩一下就行了，這個米根本早就熟了。

「應無所住而生其心」，六祖惠能本身就在這種狀態中，這就叫不離自性。做到了不離自性，修的就是本體，自然就會「自心常生智慧」，智慧就出來了。定和慧的關係，時時在定中，慧自然就出來了；同時，有慧就有定，無慧就無定。為什麼？如果理不通，一定不知道定是什麼、怎麼定，也一定不知道有慧自然有定；而如果不在定中，也不可能有這樣的智慧，慧又在定中。

就像宇宙當中先有雞還是先有蛋，這個誰也回答不了。其實不是

回答不了，理通了都能回答，雞和蛋是一起來的，宇宙一生成的時候，一下子就萬有，這個萬有不是一點一點進化來的。科學界早就已經把進化論否定了，但是唯物主義還拿著進化論來講，不過現在也基本不提了。提出進化論的達爾文，他最後自己都把自己給否了。只是別人拿到以後，用來做文章。

人哪是進化來的，是猴子變的？認這個猴子當祖宗？以前猴子變人，現在猴子怎麼就不變人了？根本就不是那麼回事。真正佛法、道法，包括基督教聖經裏說萬事萬物怎麼來的，它不是一點一點演化來的。如果進化論是真的，那上帝那套東西就全都是假的。對西方來講，萬事萬物、整個宇宙都是上帝創造來的，光、水、萬物都是上帝瞬間創造來的。可不是上帝先做了個雞，雞再生個蛋，而是雞和蛋一起來，一下子全都在了，雞一出來的時候就帶著蛋。有人還不理解：「老師，這個邏輯上能通嗎？」這怎麼能用邏輯呢。

其實，聖經的創世紀和佛法、道法、儒學說這個宇宙世界是怎麼來的，真相是什麼，說的完全都是一回事。都是兩千多年前的軸心時代，那些同時在世界各地出生的東、西方的聖人們闡述的。耶穌、釋迦牟尼佛祖、老子、孔子，這些稱之為聖人的，還有西方的那幾個大哲學家，都是那個年代誕生的。而他們那個年代還有一個共性，他們雖然用不同的語言，用不同的表述方式，針對宇宙如何產生，如何運行，發展規律是什麼，說的都是一回事。而現在的物理學，所謂的量

子物理學和經典物理學，就是在不斷的驗證著我們老祖宗的智慧。

　　兩千五百年前，春秋戰國時期，世界上的那些偉人也都在同時期出現。那個時候的思想高度、哲學高度，包括對宇宙認識的高度，都已經到了巔峰的狀態。那兩千五百年以後的子孫是不是應該比他們更聰明呢？沒有，那是不可逾越的高度，然後就不斷的退化，不斷的退化……不僅僅是中國，不僅僅是華夏，是整個人類都在退化。現在已經退化到連宇宙的真相都見不到，天天用科學實驗在現實中去研究宇宙的真相、宇宙是怎麼來的、大爆炸等各種假設。

　　在現實中好像我們聰明得很，好像我們做了很多的機械是古人沒有的，我們有了空調、汽車、飛機，好像我們能戰勝大自然，其實這是一種假相。這是後世的這些退化的子孫，更加遠離大自然，在瘋狂的破壞大自然。工業革命至今只有兩百多年，地球已經不太適合人居住了。好像我們的醫學發達，人均壽命提升，這個是大好事，大家都歡呼，但是同時地球要住不下。各國老齡化，地球人口現在已經接近八十億人，但地球能承載上限是一百億，當你達到一百億左右的時候會發生什麼呢，會不會有大災難一下把整個人類滅絕呢？到底是地球需要人，還是人需要地球呢？在地球上滅絕的生物太多了，發展到一定極致的時候就被滅了。

　　所以不管東方還是西方的古聖人，一再告誡我們東西方其實是一樣的，都在告誡我們要和大自然和諧共生，不要去搞那些所謂的神通。

現在不就是在造神通嗎？現在從中國到美國，距離上萬公里，十個小時就到了，這不就是特異功能嗎。在美國的家人跟在中國的我直接就通話了，這不也是特異功能嗎。

有人就說了：「老師，這些東西不是先進的科技嗎？這些東西不是方便了我們的生活嗎？」那是我們認為的！現在家家都有空調，已經離不開空調了，全世界都裝了空調以後，再加上汽車廢氣，把大氣層的臭氧層就給破壞了，全球溫度就開始失調。我們家裏倒是涼快了，但是空調主機對外發出去的是熱氣和轟轟的噪音。如果是一兩台，那沒關係，現在家家都是這樣，那地球是不是要升溫了，我們把大自然都給破壞了。本來沒有空調，我們的生活是冬暖夏涼。不管是北方緯度高的地方冷也好，還是赤道熱也好，其實人都已經生活了上萬年，甚至是幾十萬年了，怎麼現在的人就受不了了呢？現在的人就為了自己這一點涼快，把大自然都破壞了，人和大自然已經不能共存了。

這種情況太多了，包括核武器、發電站等等。為了一點舒服，人類得建造多大的東西，你以為這是科技嗎？真正適合於人類的好科技，地球應該越美麗，人類也應該越來越舒服，繁衍得越來越好。可是現在的地球，人類都居住不了，物種滅絕，甚至現在所有的人都在巨大的火藥桶上生活著，這個火藥桶隨時會爆炸，說不定哪天一爆炸，所有的人類就沒有了。各種生化武器、核武器，僅核武器就能讓地球毀掉幾十次、上百次。這不是科技，這樣的科技不能讓人與自然共生，

這種科技叫修羅科技。

什麼叫修羅？在佛法中，修羅是特別好鬥的天人，他們的科技水平就很高，他們就相互滅絕，各種法器，能發出各種波，把別的修羅震死、燒死，這跟現代人不是一樣嘛，我們現在不就在生產各種武器，聲波武器、激光武器等等，各種能殺死人的武器，就是修羅，現在還不如以前那個冷兵器，以前的冷兵器再殺人也殺不了幾個。現在一殺全殺，包括自己都沒了。佛經裏講修羅是怎麼死的，他把別人殺死的同時自己也死了，難道現在我們不是這樣子嗎？

別以為現在人類在這個科技的狀態下，好像比兩千五百年前舒服多了，那個時候沒有飛機，如果孔子要從山東曲阜到美國，累死他也走不到。現在，如果孔子還活著，他到美國去講學，坐飛機幾小時就到了，可是他為什麼要去美國呢？你美國人如果想聽，到我這裏來，大唐盛世的時候，各國都派遣唐使，我管你走幾年呢！現在坐飛機，幾個小時就到了，有什麼意義呢？地球變成地球村了，又能怎麼樣呢？老祖宗的智慧不是我們能想像的，不要以為現在我們能生產機器，就覺得我們的智慧比老祖宗高，以為老祖宗生產不出這些東西。老祖宗生產出的東西，現代人都研究不明白，都複製不了。老祖宗都聰明得很，別以為他們不會做空調、汽車、飛機，人家是不允許那樣去做，那是會帶來惡性循環的，不是老祖宗不聰明。

有人說，既然佛法這麼厲害，為什麼沒有發展出科學、科技呢？

問這種問題的人都是在貶低老祖宗。中國歷朝歷代都強調不要去搞那些所謂的科技，這是不可以的。奇巧的那些東西，不是造不出來，那古人如果要造這些東西，太厲害了，比如木牛流馬，又比如魯班做的木鳥，一發出去能在天上飛三天三夜。但是拿到宮廷裏給皇上一看，說這個鳥在天上飛，能監視一切，還能運輸，你想要嶺南荔枝，這鳥飛過去，第二天就馱著一斤荔枝回來了，要是騎馬得一個月、半個月，就像現在的無人機似的。但皇上身邊真正懂道的那些大臣直接就告訴皇上，千萬不要去搞這些東西，這叫奇技淫巧，「淫」就是上癮的意思。這個科技，不是人類正常應該有的東西。「奇、巧」，神奇還特別巧妙，魯班做的鳥和諸葛亮的木牛流馬，動力哪來的？

有人認為那是傳說，如果沒有原型，怎麼可能在書上記載呢，你以為幾百年、上千年前的人能想像出來這個嗎？那不是想像的。古人要做所謂現代科技，太容易了。不可能像現在這樣，建這麼大的火力發電站、核電站，然後把熱能轉化成電能，再轉化成機械能，笨死了！古人那個動力是什麼，現在想都想不到，我們比起古人來已經太退化了。

春秋時期越王勾踐的劍，距今已經近三千年了，上面有一層物質，到底是什麼物質，現代的人不知道。這把劍在墓裏被水泡了上千年，被壓彎了，但是出土不到一個小時就自動修復，自動變直，而且一擦就光亮如新，一點銹斑都沒有，非常鋒利。現在這把劍就擺在博物館

裏，我們能用什麼科技做到呢？所謂記憶合金能做到嗎？

再比如金字塔，現在科技已經發展到這種程度，能照著原樣做個金字塔嗎？已經沒有那個智慧、沒有那個技術了。所以說不要把老祖宗看得不如現在，我們在老祖宗面前要謙遜一點，這一萬多年或者幾千年不是進化，而是退化。

伏羲那個年代，開創華夏文明，那是新石器中期，還沒有青銅器，但那個時候的人我們稱之為智人。到了孔子那個年代，也就是兩千五百年前的春秋戰國時期，那個時候全世界都是軸心時代，重要的、揭示宇宙真相的人都是在那個年代出世，那個年代是出聖人的年代。經過兩千五百年的不斷的退化，我們現在的人叫什麼，叫蠢人、愚人。現在的人類在大自然面前太渺小了，所謂的戰勝大自然，就是個假相啊！

人類再這樣發展下去，要嘛自我毀滅，要嘛大自然就毀滅你，毀滅所有的人類，一個都不可能留！為什麼？現在人類已經是地球的蛀蟲了，天天在地下打洞、挖石油、污染空氣，天天搞核工業，核對地球來講是毀滅性的。現代人的科技能讓整個地球的大部分物種都滅絕了，那人難道不是地球的害蟲嗎？

《六祖壇經》是一千三百多年前的，孔子的經典、老子的經典是兩千五百年前的。如果我們是進化的話，我們已經上到了博士學位了，那我再看小學一年級的一加一、一加二，加法口訣、乘法口訣，還需要回過頭來好好學嗎？不可能再去學了，古人已經太落後了。

但是，我們現在要認真的來學老祖宗的這些智慧，包括西方《聖經》，宇宙的真諦都在《聖經》裏。東方的子孫們，要學東方的祖先的智慧。有人說為什麼我們不也去學《聖經》呢？你不是那個種，你沒有那個基因和血脈。你要學東方自己的老祖宗，跟我們血脈相連的，他用我們能聽得懂的語言和表達方式揭示宇宙的真相，向我們中土這一類人來傳遞宇宙的真諦。他是我們的祖先，在我們的基因裏，在我們的 DNA 裏都有這些東西，所以東方人學東方的經典一學就通，一學就會。

咱們要學西方那套東西，跟人家血脈不相連，基因裏沒有，如果要學，肯定不好學。話說回來，也沒有必要去學西方的東西，西方的先哲和東方的先哲說的是一回事，只是耶穌落在西方，亞里士多德落在西方，那都是菩薩，與那個地方相應，與那個地方有緣，耶穌基督去教化那個地方的一方水土。就像穆罕默德，穆斯林的教主，那也是聖人，是菩薩化身落在與他有緣的那一方，教化那一方。伏羲、周文

王、孔子落在中國這一方，與中土有緣的這一方，然後教化這一方，用這一方人能接受的語言、方式和角度來教化我們。

其實，東方西方所有的聖人，告訴我們的都是同一件事。沒必要看著自己家鍋裏面的飯就覺得不好，看著別人家的飯好。父母要煮給你吃的飯，一定是費盡心機為你準備的，是最適合你的胃口的。別人家父母給孩子準備的，不一定適合你的胃口。別看著一山總比另一山高，在自己這兒的時候就不珍惜，看著別人家的東西都好。現在中國人不就是崇洋媚外，自己的好東西不去挖掘，就看別人家好，請別人當老師，天天跟別人學也學不明白，結果天天被動挨打。你把自己家的寶藏好好挖掘一下，那是無盡的寶藏啊。

現在地球已經到了岌岌可危的地步了，人性的惡已經充分暴露。一次世界大戰、二次世界大戰，死的人越來越多，你想一想如果發生第三次世界大戰的話，人還有沒有了。核武器發明出來後，曾經有記者問愛因斯坦，你能預測一下第三次世界大戰用什麼武器嗎？愛因斯坦說：「我不知道第三次世界大戰用什麼武器，但我知道第四次，第四次一定是用棍棒作武器。」意思是人類會把自己毀滅，回到原始狀態，然後又成為部落，再打的時候都拿棍棒，到時候沒有電，沒有發電廠，也沒有石油，汽車、飛機都不能開，一切又回到原始狀態。

人類已經面臨太大的危機了，我們每個人都坐在火藥桶上，也許下一分鐘，就是整個地球毀滅的時間。現在所有的核彈都是在電腦控

制下，一旦要出現程序混亂，核彈頭一下發出去，加上都是自動防禦，而且是精準打擊。這邊一發出去，那邊先攔截，然後同時報復打擊，幾個來回，人類就沒了。車諾比核災，只是一個核電站爆炸，方圓上百公里無法住人。一旦全世界的核武器都發射出去，地球哪兒還能適合人居住？不就是回到原始了嘛。

不要覺得這個好像離我們很遙遠，也許就是今天晚上，也許就是明天，也許就是下一分鐘。所以，永恆的存在，和諧平安，是一種錯覺。中國的歷史，從夏商有記載開始一直到現在，有幾次連續一百年沒有大的戰爭、全國性大動盪的時期？據統計，自夏至現在有記載的年代，中國中土這塊地方，持續一百年沒有大的動盪，一共就兩次。也意味著就算我們的壽命是八九十歲、一百歲，你從出生到死這一輩子，怎麼著都能趕上大的動盪。所以，你不要覺得天天喊著和諧就會和諧，不可能，不符合規律，時刻要有那種危機的意識。有人說那地球完了，一點生機都沒有了，早晚是個死啊，難道就沒有方法能救嗎？有，唯一的方法就是好好去學古人的智慧，這是唯一能夠自救的方法，唯一！

為什麼說學習古人的智慧，地球就能有一線生機呢？為什麼越多的人掌握古人的智慧，我們生存的幾率就越大？為什麼更多的人學習、掌握古人的智慧，我們就能轉化現在這種危機的狀態？我們向古人學習什麼？我們真正能學明白古人的智慧的話，就能看到世界的真相，就能轉變我們和世界的溝通方式，與世界共存的模式，就能找到真正

的和自然同生共存的方法，人類的存在是離不開大自然。

現在西方工業革命引領全球的科技才不到兩百年，就從蒸汽機發明到現在不到兩百年時間，地球就已經不適合人類居住了，你說西方的科技那個思路是對的嗎？不對，還是認不清大自然、宇宙是怎麼回事，人和自然之間的關係是怎麼回事。你所用的是你認為對的，我要力量那我就用火，用熱能轉化成機械能，我就獲得比人類更大的那種機械力。然後有了蒸汽機，就可以船堅炮利，再有了火藥，就可以征服全世界。工業革命就是這樣開始的，一下子把冷兵器時期，人和自然的關係，整個大顛倒。人好像有力量，其實你有力量的同時也在破壞自然，破壞人與人之間的和諧關係。

以前沒有堅固的大船，也翻不過去巨大的高山，人只能在局部範圍內生活。即使是戰爭，也都是局部的戰爭。現在，山河大地哪兒都能走了，日月星辰都能上了，武力所到的地方就有戰爭、衝突就到了，結果全球船能到的地方，就開始有戰爭，全球開始屠殺、毀滅。還有一次世界大戰、二次世界大戰，以前哪有世界大戰的說法呀。

中國的地勢是多麼好的天然的屏障，東面全是大海，西面都是高山和大沙漠，過不來，北面都是高寒地區，根本就沒人。所以中國的文明能一直延續著，中國人一直能夠繁衍著，就是因為有得天獨厚的地理優勢。結果船堅炮利，從東方大海直接打過來了，從此以後，中國和世界就開始發生衝突了。

如果沒有工業革命，沒有這些科技，中國人還是中國人，俄羅斯人還是俄羅斯人，歐洲人是歐洲人，都是局部的，不可能導致整個人類的滅亡。所有的你認為的便利，後面一定都有它的弊端、副作用。西方引領的科技、科學，弊端太大了，大到整個人類一瞬間就能全部滅亡。有人說，地球不適合人類居住了，可以像美國那樣探索其他星球，可以移民。這不胡扯嘛，好好的一個地球，不到兩百年時間，就被搞得已經住不了人，再好的星球兩百年以後又住不了人，然後再移民，不斷的移民。你就是修羅，修羅就是魔鬼。

　　老祖宗不是發展不了這些科技，而是怕世界走向今天。老祖宗並不是沒有科技，四大發明也代表不了中華民族的科技水平。有一個地方能代表，四川都江堰是我們祖先科技水平的代表。每年青藏高原雨季過後，大量的雨水落在青藏高原，巨大的河流，一部分彙集到雅魯藏布江，經過印度，從那裏入海，雅魯藏布江就成為印度的恆河；一部分進入青藏高原巨大的地下水系統；還有一部分聚集在東邊的岷江，進入四川盆地，經過都江堰。你想一想青藏高原巨大的水量，每一年的水只要從岷江下來，一下就把整個四川盆地淹沒了，所以四川以前叫不毛之地。但在什麼時候，四川成為天府之國的呢？

　　三千年前的戰國時期，秦國太守李冰，用了四十九年的時間造了都江堰。岷江的水以前每一年必然要泛濫，自從李冰造成了都江堰，岷江的水就再也不泛濫了，一次都沒有過。都江堰是用最原始的方法

把山給劈開建造的。當時是青銅器時代，只有青銅器，沒有鐵器，石頭的密度要比青銅器大，所以青銅器砸不了石頭。但是，他卻把山給劈開了一半，建成了一條內河，然後把雨水引進外河。內河的水進入四川盆地灌溉，外河的水引入到長江，順江入海。

現在我們到都江堰去看一下，寶瓶口那裏怎麼劈開的山，當時有什麼科技。有人說是用熱脹冷縮，用火燒石頭，然後涼水潑上去石頭就裂了。但是，你看看寶瓶口兩邊多平滑，怎麼可能是用這種方法造出來的。最神奇的是寶瓶口的那個寬度和那個魚嘴的高度，魚嘴中飛沙堰和寶瓶口相互結合，飛沙堰高出內河河床的高度是 2.15 米，當時李冰定下寬度和高度後，每年維修都江堰，但寶瓶口的那個寬度絕不可以變，飛沙堰的高度絕不可以變，高一點或者低一點都不行，這樣不管每年從青藏高原下來的水量是多是少，岷江泛濫不泛濫，都能保證內河的灌溉正好，既不澇也不旱。

這個東西是怎麼做出來的？都江堰往那一鎮，不管岷江哪一年發大水了，哪怕洪水滔天來了，它進入寶瓶口的內江的水量只能是這麼多，這麼多的水就正好能把四川的整個盆地灌溉了，又不會澇，大量的水就從外河入了大海。如果哪一年青藏高原雨水少了，不管再少，那雨水來了以後，也能保證寶瓶口內江的水正好能滿足灌溉，然後外江的水少，甚至沒有。解放以後，破四舊，中國政府的工程師們認為都江堰是兩千多年前的東西，必須破它。把 2.15 米改成 2.18 米，結果

那一年就旱了，內江水不夠了；明年再修的時候給搞成 1.93 米，結果第二年澇了。工程師們都不明白這怎麼回事，於是再恢復到 2.15 米，並且按照古制來做。都江堰每年修堰，一定都是按照古制，古制有一整套的歌訣，按古制修的寶瓶口。等到恢復到 2.15 米後，這一年青藏高原水奔流而下，漲大洪水了，但四川境內不澇不旱。別改了，於是這個所謂的「四舊」就暫時被保留下來了。

直到現在，全世界多少水利專家到都江堰去考察學習，也搞不明白到底是什麼原理，為什麼魚嘴就得那麼建，為什麼寶瓶口從這兒開，為什麼寶瓶口的距離必須是這個，飛沙堰的高度必須是 2.15 米，根本就搞不明白，而且一項都研究不明白。後來，建三峽大壩的時候，多少工程師都到都江堰來學習，最後什麼都沒學成，三峽大壩只是個大水泥塊子。都江堰有泥沙問題嗎？現在哪個大壩沒有泥沙問題啊，三峽大壩現在的問題就出來了。三峽大壩建成了以後，四川的地震斷過嗎？泥沙問題怎麼解決？不用再提生態破壞了，那已經改不了了，幾萬年都改不回來了。

都江堰那叫智慧啊！我們從都江堰和三峽大壩來看，比較一下，我們現在的人是更聰明了，還是更蠢了？如果李冰還活著，三峽大壩能建成那樣嗎？黃河上的三門峽水庫，多少問題啊？李冰那個時候叫智人，現在我們叫蠢人、愚人。都江堰才是我們老祖宗真正的大智慧，他是怎麼算出來那些高度距離的，那必是在道法的基礎上。李冰所在

的戰國時期，還沒有佛，釋迦牟尼佛那時候還沒出來，釋迦牟尼佛跟老子是一個年代，那時老子、孔子還沒有。那時候是道法，伏羲傳周文王，周文王再往下傳，我們祖先的道法通天徹地，完全不是用我們的邏輯來計算的。有人問：「不是邏輯計算，那是怎麼計算？」怎麼計算，天眼沒開，跟你講也沒用。

我們的祖先是與宇宙的萬事萬物都能溝通的，有人認為：「這怎麼可能，怎麼和鳥溝通？我和我家寵物狗一直溝通不了啊？和山河大地日月星辰難道都能溝通嗎？」沒錯。你知道李冰是什麼人嗎？他不只是太守、當官的，他是修道的人，是道士，是知天知地，與萬事萬物都能溝通的人。你認為這不可能，是因為你現在已經找不到天了。現在人都找不著天了，還怎麼與萬事萬物溝通，根本不懂什麼是開天眼。

如果修行人不開天眼，你修什麼啊。開天眼的狀態，就是和人能真正溝通，和動物能真正溝通，和事兒能真正溝通，和物能真正溝通。真的開天眼了以後，你就能與山河大地、日月星辰、動物植物，所有的這些東西都能溝通上了。比如鳥在外面叫，叫半天了，是想告訴你泰國的大海嘯馬上就要來了，快跑吧！可是你聽著覺得叫什麼叫，煩得很，因為你聽不懂。因為你是凡人一個，聽不懂。

得道的人，必是鳥一叫就知道怎麼回事，甚至比鳥先知道災難要來了，因為人是萬物之靈啊。現在人是萬物之靈嗎？耳朵不如狗，眼

睛不如鷹，力量不如熊，你憑什麼說自己是萬物之靈呢，差太遠了。如果修行了很長時間，卻不知人與宇宙萬物之間還有一套溝通系統，那在修什麼？古時人為何就是萬物之靈？人何時開始不是萬物之靈的？唐朝中期華夏文明文化已經沒落，快到末法時期，人已經開始失去靈性，所以必須有六祖惠能這樣的大德菩薩乘願再來，拯救中土人類。而現代人天都沒了，已經與宇宙世界隔絕了，何談萬物之靈？

李冰怎麼做出的都江堰，那是李冰與蜀地的山河大地溝通的結果。有人說：「老師你越說越神了，簡直是大迷信。」如果你覺得我說的這是迷信，就說明你根本就不懂，你根本聽不懂我在說什麼。如果你是修行人，不管你是西藏的活佛，還是哪個廟的高僧大德，還是哪個大學的教授，如果你聽不懂我在說什麼，還在否定，只能說明一個問題，你就是肉眼凡胎，你根本不知道我在說什麼。

人和自然的溝通，人和宇宙的溝通，人與人之間的溝通，有兩套溝通系統，我們現在只會用一套。現在我們用的是意識這一套溝通系統，是用我們的語言和人來溝通，和宇宙、萬事萬物、動物植物根本溝通不了。你覺得用語言人和人之間能溝通嗎？張口即騙人。一句「我愛你」，裏面包含的意思太多了，你能聽得懂嗎？其實有可能說的是我恨你。這套溝通方式是最低級的溝通方式，但是我們現在只會用這套溝通方式。

禪宗講「不立文字，教外別傳，以心印心，見性成佛」，以心印

心，指的就是另一套溝通系統。而六祖惠能真正要傳的佛的心法，要傳的就是這個，真正的修行、密修，師父教你的也就是這個。有人說，那我知道了，現在我就自學，我非得把那套系統給弄出來。你去弄吧，你看如果沒有明師教你，能不能整理出那套系統來。

在這裏講《六祖壇經》，我說了很多讓人難以接受的話，你聽了可能心裏不舒服。修行幾十年了，什麼也不是，別說斬妖除魔，連魔都看不見，妖都看不見，你除什麼魔？天天念個咒，你以為就能把魔滅了呀，滅不滅你都不知道，魔什麼樣你也不知道，也許滅了也許沒滅。修了這麼多年，病都不會治，山醫命相卜，你什麼都不會，就剩騙人了，悲哀呀！把那一套溝通系統搞清楚，修行就入了門，還不叫得道，叫入門。你就知道什麼是天眼，就知道什麼是天耳通、天眼通、神足通，不然你什麼都不知道，你的理解全是錯的。

我們跟老祖宗要學這些大智慧，學習如何與宇宙自然溝通，只有能跟宇宙自然溝通交流，你才能和大自然和諧共生，而不是天天閉門造車。現在的西方科學就是科學家在實驗室裏面閉門造車，他們在做著違反自然規律的事，把人和動物雜交在一起，讓人更有力量。現代的西方科學家在做的就是魔在做的事，不起好作用，美其名是為了整個人類的幸福，人類不需要這樣的幸福。好好從古籍當中，從祖先的智慧當中，去吸取人家的精髓，去學人家的真諦，然後與宇宙自然溝通，和人類和諧共生，和動物和諧共生，和植物和諧共生，和大自然

和諧共生，這才是我們要學的目的。

如果按照現在西方科技的思路，再極端的走下去的話，人類沒有幾年就會滅絕，不可能等到我們壽終正寢，等我們活到一百歲，地球不會給我們人類那麼多年時間。唯一的解救之道，就是不管從西方還是東方，一定要趕快從祖先的智慧裏，古老的智慧裏面，來尋找宇宙的真相。

我們科學發展的方向，絕不是向外太空發展，絕不是。越向外太空發展，耗費地球的資源就越多。如果都向火星移民，我們得需要多麼巨大的推動力呀，而現在我們獲取推動力的方法只有煤炭、石油、核等等。我們為了獲得這樣的推動力，首先是把地球家園給毀了，然後能不能去到火星，在火星上能不能存活下來，還都是個問題，這個路子可以嗎？還想向星際移民，再笨的頭腦也明白是不可能的事。

西方為什麼是這樣的科學發展方向，因為他們不知道宇宙到底是怎麼回事，所以就在現實中不斷去努力，好像在征服大自然，運用所謂的物理學規則，為我所用，為所欲為。唯一能夠救地球、救人類的方法，是要回歸人的本性，一定不能再向外太空發展。要從老祖宗的經典裏，去尋找智慧，去學習智慧，然後放下現在所謂的西方那套東西，放下不斷對外發現、侵略、爭奪，轉向東方的大智慧。西方延續著固有的海盜模式，把地球探測、占領差不多了，又開著海盜船飛向星際空間；東方則是農耕模式，把自己的一畝三分地照顧好，把地球

家園耕耘好，不向外去搶奪。這就是東西方的差異。

　　真正要想解救地球的危機，一定只有向東方，東方僅僅指中國，向東方去尋求古老的智慧。不是向現在的中國，現在的中國沒有智慧了，已經是又蠢又笨、沒有底線、沒有信仰。現在的中國，文明、文化都已經到了馬上要滅絕的階段。也許有人不認同、不服，那就再出個李冰，再造個都江堰看一看。更難以想像的，李冰時期的蜀地還是不毛之地，人煙罕至、生存艱難，極有可能他像愚公移山一樣，僅帶領一家老小，開山築堰，如何做到的？

　　老祖宗的智慧結晶可不是我們所能想像的，更不僅僅是都江堰，只是中國人不會宣傳，也不會從都江堰這一類工程當中看到老祖宗的智慧。天天就盯著西方那套東西，看人家阿斯旺大壩建得好，回來就弄個三峽工程；看人家核電站弄得好，回來就搞核電站，一味跟別人學。

　　怎麼就不好好學一學都江堰是怎麼造的，然後向全世界推廣呢？這才是咱們中國人的智慧，這才是最綠色的能源。都江堰需要發電機嗎？既不影響岷江的河道，照常走船，又能滿足灌溉的需求，世界上哪有任何一個水利工程能比得上都江堰呀？那是我們中華民族的驕傲，是老祖宗智慧的象徵。它實實在在呈現在那兒，就把不毛之地的四川平原，變成了天府之國。從此以後，就變成了可以建國的地方，年年風調雨順。

李冰是修道之人，都江堰就是老祖宗大智慧的最好的呈現，至今都還用著。埃及的大神廟、金字塔，現在有什麼用呢，當時費了那麼多人力物力，搞那麼多大神廟，金字塔是現在的人都建不起來，但關鍵是建金字塔有沒有實用價值。如果沒有實用價值，搞個大水泥塊、大石頭做什麼用，就為了祭祀？我們老祖宗才不搞那些勞民傷財，沒有實用價值的東西。類似都江堰的建設其實還有不少。

　　但是我們已經有固定思維，認為中國沒有好東西、老祖宗沒有智慧，都是糟粕，都是哲學意義上的東西，都是不能在現實中學以致用的；認為我們不如那些西方的科技，可以學以致用，用先進武器發動戰爭，可以奴役所謂不發達國家。但是，如果真的把我們老祖宗的這套智慧勘透了，什麼西方的飛機大炮，看我們能不能制服他們。怎麼制服，用什麼制服？好好學，先入門，然後再說怎麼應用，所有老祖宗的智慧都是拿來應用的。

第十六章

何期自性本自清淨
何期自性本不生滅

【惠能言下大悟，一切萬法不離自性。】前面我們所講的東方智慧結晶、西方科技產品、宇宙自然萬物，即是「一切萬法」。萬法之根在哪裏，什麼是萬法？其實，世界發生的一切、發展的趨勢，宇宙的萬事萬物、日月星辰、山河大地、動物植物、人與人之間等等，這些都是萬法。與人相關的人、事、物，都是萬法的一部分。「惠能言下大悟」是從「應無所住而生其心」這句話，突然一下就悟出來了。悟出的即是「一切萬法不離自性」，說明惠能修行之法是對的。惠能初見五祖弘忍即說：「自心常生智慧，不離自性。」他早就已經按照這種修法在修行。現在再說一遍，即是得到了印證。

可能有人會提出問題：「學習老祖宗的智慧，怎麼能對付西方的船堅炮利？西方的科技已經發展出無人機、導彈、核武器等等，學老祖宗這些智慧，就能對付得了嗎？」

學好這些祖先智慧能做什麼？真說明白了，你會無比驚訝，哪是僅僅對付飛機大炮而已，是可以直接消滅。有人不信，反問：「老師，怎麼可能呢？只學習這些，不用去建造大炮、製造雷射武器之類，就能消滅嗎？」這是你不理解「祖先智慧」是怎麼回事，真相是什麼，只是被那些所謂的先進武器的表面迷惑，並且執著了！你不知道為什麼西方能生產出高科技的先進武器，而中國現在只能向他們學習，研

製不出比他們更厲害的科技。正是因為不知道為什麼西方人能做出來，東方人做不出來，背後根源是什麼？因此，必須找到根源，而後改變它，我們就有能力研製出比雷射武器威力更大的武器。雖然使用與否在我們，但是肯定比他們現在的武器強大。

中國現在為什麼「全民山寨」，都在模仿西方？找到背後的根源，中國人的靈感就會爆發。都說中國人最聰明，這句話究竟是貶低還是褒獎？聰明而沒有智慧是沒有意義的，那只是小聰明。只靠偷，永遠也趕不上別人。要有智慧，就能自己生產，就能創新創造，就能超過他們、壓制他們、制服他們，使其武器根本應用不了，這才是智慧。

我們要的是智慧，為何現在我們的民族沒有這種智慧了，這種智慧又是從何來的呢？如何才能把智慧找回來？這是我們學習古代經典、學禪、學密的意義所在，我們必須從「禪」中找回智慧。讓我們那些古代祖先、神人們都乘願再來，來到這個時代，湧現出大批李冰、諸葛亮、劉伯溫、姜太公一般的人物，再現像孔子這般的人物，則中華民族復興有望。

現在中華民族一個聖人都沒有，憑什麼復興！從學術界到實業界、到修行界，所有領域都沒有一個聖人，中華文明如何復興！沒有人引領文化，沒有人引領科技，沒有人引領軍事，孫武、白起、霍去病都不願意乘願再來，中國就只有被動挨打。復興的前提是各個領域的聖人都再次湧現出來，有科學界、文化界、軍事界、農業界、教育界等

各方面，一定是一批聖賢帶領，中華才有龍頭，中華民族這條巨龍才真正能飛得起來。

中國是龍，我們是龍的傳人。龍，僅是大沒用，最重要的是有龍頭。若要復興，必須先出現明君。明君就是龍頭、龍的大腦，隨之龍的眼睛、龍角、龍爪，立刻全都會出來。中國的歷史是英雄創造的，一旦英雄龍頭不出來時，中國人就是蟲，千千萬萬、多少億條蟲。蟲，一條一條的沒有用，聚不起來；而龍頭一出，千億條蟲瞬間變成一條龍，直飛九霄。

中華民族復興是必然的，歷史上東西方都在不斷的預言中華民族的復興，前提是必須出現這個龍頭，我們都在盼望、等待著龍頭一出，各個領域的聖人馬上會跟著出現，整個中華民族、炎黃子孫，一下就凝聚成一條龍。唯有這樣，才能保證中華民族在此岌岌可危的情況下，能重生、復興、正常繁衍下去。否則，現在就有滅族的危險。聖人不出、明君不出，中華民族就會分崩離析，就會在歷史的長河中煙滅。這就是我們學習《六祖壇經》、學習古人智慧的意義所在。

學習智慧不是只為個人修行，而必須是自己先入門、得道，得到現實中的圓滿，再實現出世間的昇華。但是，如果你真的能夠入門、得道，不僅僅為自己做事，也能為整個中華民族的騰飛和崛起，做出重大貢獻。你就是當代的李冰，能為整個民族做出貢獻。如果掌握這套智慧的人越來越多，成百上千、成千上萬個華夏子孫入門、得道了，

就會有千萬個各個領域的李冰，那中華民族一定會復興，一定會站在世界強國之巔，世界能再次和平一千年。

中華民族如果統一全世界，統治全世界，那即為世界大同。中華的民族性，絕不會殺戮，是和諧共生，這是中國人最基本的信仰。大自然與人和諧共生，是從我們始祖伏羲一直到現今，骨子裏最基本的信仰。

西方不一樣，他們統一全球，就會以殺戮統治世界，不給別人活路，這就是海盜的文明。有人覺得這是在貶低西方，可是西方自己也是這麼說。難道他們不瞭解自己嗎？他們瞭解自己。美洲大陸的印第安人現在在哪兒？當時從歐洲去的白人，有那麼強大的火力，印第安人還是原始狀態，對他們根本沒有威脅，結果卻把印第安人全殺光了，現在只剩幾個印第安人留作展示，天天表演，看來好像和諧共生，可以前上百萬的印第安人都去哪兒了？其實這就像老虎被滅絕了，留幾隻在動物園的籠子裏，對外宣稱是在保護老虎，宣傳自己尊重動物，是動物保護主義者……還有西方所謂植物保護主義者，推說是東方人、是發展中國家、是中國人讓動植物都面臨絕種。所謂的西方動物保護主義者，看到別人殺動物就要拼命，說要保護動物。可是他們有沒有想過，那些動物、植物是怎麼滅絕的！其實很明顯都清楚是怎麼回事。

文化特徵顯而易見，東方就是和諧，西方就是殺戮。有人質疑：「老師，這話說得太絕對，現在西方博愛民主，還向我們輸出博愛民

主的觀念，讓我們的政府改變。」大家靜下來想一想，西方的博愛和民主是有前提的，是建立在「你得聽我的」基礎之上。必須全聽西方列強的，才給你博愛、給你民主，前提是「必須聽我的」；若是不聽，伊拉克和伊朗為例即可知道，不聽是否還會給你博愛？因此，我們一定要看清本質。

世界作為整體，就必須得是東方的智慧引領，這樣整個世界才會回歸到人能居住的狀態，才能回歸到真正的博愛、真正的和諧。因為東方的文化和西方的文化是不同的，只有東方的智慧能夠拯救地球。我們看問題一定不是絕對，但也不能完全指望西方。其實每個人都清楚，西方引領世界不到兩百年，地球就不能住人了，地球人馬上就要毀滅；而東方在引領世界的時候，幾千年來大家都是和平相處，地球從沒有滅亡的危機。

但是，未來必有一次科技之戰。現在的狀況，是西方壓制東方，而東方一味向西方學習。同時，現在的炎黃子孫，掌握不了老祖宗的智慧，東方智慧的優勢沒有呈現出來，西方科技優勢正登峰造極，所以我們才被動挨打。整個地球及人類，要有希望、有發展，定是在中華民族大批得道之士湧現出來的時候。那不僅是中華民族之福，同時也是世界人民之福、人類之福、地球之福。

只有在東方智慧的引領下，整個科技的方向才能被扭轉過來，從現在的外層空間科技扭轉過來，好好建造地球，和地球眾生和平共處，

已滅絕的動植物再回來我們地球，彼此重新平衡。要有大批掌握這套大道理法的人，即得道之人，從山中出來，從寺廟道觀出來，從民間出來，教化眾生，把我們老祖宗落入最低谷的智慧、文明體系，教授並重新傳揚到地球大地，否則全部都會失傳，我們的民族就會敗亡，整個人類也會毀滅。

西方的大預言家一再預言，人類真正的希望在東方，人類的希望在中國，現在西方人都希望這些預言破滅，中國別強大起來，才能奴役我們。而我們不能任其破滅，一定要讓這些預言實現，讓真正得道的人出來。那些還沒得道的、沒入門的人，要好好學習，別再好為人師。自己沒得道，連門都沒入，感悟一點東西，就出來教學生，這是毀人慧命，最後結果不但自己不得好死，而且子孫亦受連累。

未得道而好為人師，所受業報最大，而且業報全報在子孫身上。誰毀人慧命，誰的子孫就會受殃及，直接是現世報。天天給別人講課，自己的兒女出各種意外，婚姻不幸、不孕不育等等。強調一遍，最大的業報，就是不懂道的人去給人傳道。如果你教的僅是知識性的，數學、物理、英語、畫畫、音樂等等，這都沒太大問題。但是如果你去教怎麼做人、怎麼修行，教人何為信仰，可就不這麼簡單了。自己都沒有入門，都不入道，如果天天教別人，以為在引人向善，其實你就是個大魔，就是魔子魔孫。這樣的人，業報是最重的。

所以，我們呼籲真正得道的人走出來，大規模的教化，為我們中華

民族培養一大批李冰般的人物。沒得道、沒入門的人，就好好學習、虛心學習。不管你有多少徒弟，自己得沒得道自己清楚，如果知道自己並未得道，還天天召集徒子徒孫，繼續毀人慧命，就一定會有現世報。

記住，地獄門前僧道多！動輒教人心靈成長，教人信仰，教人如何修行。自己沒得道，不要好為人師，好好當學生，求得正道。真正入門得道，就有義務出來廣傳教化。我們呼籲得道之人不再隱藏，莫讓僅剩的一點老祖宗智慧失傳，否則是對民族的大罪業。得道之人不出來傳，也是重罪；不得道的人瞎傳，罪更重！

得道不得道，自己心裏清楚。一些人知道自己沒有得道，藉口為了生活，教人心靈成長、信仰、修行。但是，為了生活也絕不能毀人慧命！謀生之路可以開超市，哪怕屠夫都比毀人慧命強。僅為生活，最後萬劫不復，子孫萬代受殃，自己還在迷中問：「老師，你說話這麼狠啊？我當老師，怎會損我的子孫呢？」

看看孔子，兩千五百年前到現在，子孫還在代代繁衍，嫡傳子孫已經整整八十代了，是中國第一家族，代代有子嫡傳，家族香火不斷傳遞。不論任何外族侵略，對孔氏家族都很恭敬，正因為孔子是萬世師表。僅從這一點看，孔子就是聖人。竟然有人貶低孔子，稱之為孔老二，污蔑為腐朽和糟粕。如果真是糟粕，在毀人慧命，那現在整個孔氏家族還可能會興旺嗎？延續興旺兩千多年，人類歷史上都少有。

歷史上幾大家族，孔子家族八十代，張天師家族六十五代，范蠡、

范仲俺家族，范蠡家族七十四代，范仲俺是范蠡的支脈，這一支也有三十五代。這些都是有歷史記載的，所以說真正為人師表做得好、做得對，子孫繁衍興旺，這是最大的陰德，積累給子孫後代。但要是毀人慧命，張口胡扯，自己沒入道，就給人講經說法，最後斷的就是自己的血脈，業報會很慘。所以，在此我們呼籲得道者出來，警告沒得道的人回去。

第二節｜禪密圓滿以心印心　調整自心掌控命運

六祖惠能馬上對五祖說，【何期自性，本自清淨；何期自性，本不生滅；何期自性，本自具足；何期自性，本無動搖；何期自性，能生萬法。】這即是講自性是什麼，自性是怎麼回事。惠能的狀態是自心常生智慧，自然流露出來，已經見性成佛。禪宗一大特點就叫頓教，頓教不僅是即身成就，是當下即成就。禪乃無上密法，禪本身就是密法中的大圓滿法，是最高的法，最上乘的法。當下悟到本性，見到本性，當下成佛。

什麼叫成佛？當下進入無餘涅盤嗎？所謂當下成佛，不是指一下進入無餘涅盤，就到了波的狀態，就消失了。是指悟到本性，見到本性，就能看透世界、看到本質，把人、事、物，宇宙萬事萬物看透。看透就能掌握，這就是佛。看透當下所謂的相，即見性。見性就是前

面講的，人事物到底怎麼回事，都清清楚楚，就已不是凡人的模式。

　　凡人只相信眼睛，只相信耳朵，只相信眼耳鼻舌身，不斷的用眼耳鼻舌身接收訊息，感知世界。我們的第六識，在五識所吸收的這些訊息、感知到的世界上做「意」，做判斷、取捨。我們有第七識「末那識」，即「我識」，就是因為有個我在，取捨要有標準，標準就是對我好的，我就拿回來，對我不好的，我就不要它。第六識的作用即是在第七識的基礎上，執著於第七識，也叫趨利避害。

　　第八識是本來清淨，包括萬法萬有，即藏識，也叫阿賴耶識。所有宇宙自然的人事物，萬事萬物都是從第八識所藏的種子發出來、投射出去的幻相。前面的五識「眼耳鼻舌身」，即「吾」，這五個對外的口，來感知第八識投射出去的世界，感知這個幻相，如同看電影，把這些感知訊息不加判別的全都收回來。第六識「意」在第七識「我」的基礎上發揮取捨的作用。我們收到的宇宙訊息，不是全都進入中樞神經，而是經過第六識好壞、分別的判斷、取捨，然後把「我」想要的收進來，把我不想要的屏蔽掉，才進入大腦的中樞神經。所以我們看世界，只看到世界的一點點，根本看不透整個世界。絕大部分的訊息未抵達中樞神經之前，就已經被第六識屏蔽。我們看到的這個世界，是「我」想看到的信息「意」識就允許進來，「我」不想看的根本就看不見。這就是真相，人和宇宙的真相。

　　人都覺得能看到宇宙的全部，能聽到宇宙的全部，那是假相。真

正的真相是五識吸收全部的訊息，第六識有取捨，只吸取極少部分對「我」有用的，以「我」為標準，為第七識「我」服務。第八識，就是所謂的入胎識、藏識、阿賴耶識，「阿賴耶」就是梵文中「心」的意思。所以，第八識就是我們的本體，就是心。

　　為什麼是「入胎識」？俗話說「去後來先做主公」，主公即本體。去後即我去世，可理解為一個人死亡，首先是沒有呼吸，心臟停止跳動，大腦停止運轉、沒有了思維意識，又稱為大腦死亡，就是軀體死亡，這是現代醫學對死亡的定義，是淺層理解。其實還有很多層，人在那個時候並沒有真正死亡，到阿賴耶識離開你的身體，才是真正的「死亡」，所以叫「去後」。阿賴耶識在身體裏是最後一個離開的，它沒了，代表這個人的生命真的沒有了。有人問：「如果它沒離開，就還有可能活著吧？」對！只要阿賴耶識沒離開，哪怕沒有呼吸，心臟停止跳動，頭腦好似不活動了，就還有一線生機。但是如何把他救回來呢？就得跟他的阿賴耶識、他的神識，直接溝通，這就是起死回生術！

　　一切唯心所造，萬法都是心生出來的，生死更是心生出來的相，就是一種幻相、一種假相。生是一種假相，死也是一種假相，既然是個假相，那能不能做到起死回生呢？如何做到起死回生呢？當心臟停止跳動時，用現代醫學的心臟除顫電擊器急救，讓停止跳動的心臟恢復心跳，好像是心臟除顫器透過電擊把他救回來的，其實不然，那是

他自己並不想死；若他真的想死，用任何方法也救不回來。其實生死是自己安排的，外力作用怎能救回來呢？西方的方法其實並不是真正把人救回來，也就是不可能做到起死回生，只有我們東方祖先智慧才有可能做到起死回生。怎麼能做到起死回生，這是什麼理呢？

前面講過，我們還有一套溝通系統。現在人的溝通都是意識和意識在溝通，這是最淺的溝通，也是最低層級的溝通。醒著時，我們可以用意識對意識溝通，睡著時，你跟我該如何溝通呢？例如車禍昏迷了，該如何溝通呢？醒時所用的低層級的溝通形式，受時間和空間的限制，必須在當下同時同一個空間才能溝通。若是距離十公里外，還能聽見嗎？空間不在一起就聽不見了。而時間不同，好比你今天晚上準備好了一句話，想跟我說，看我要睡覺了，就想明天中午我有空了再跟我說。當天晚上你的話雖有了，我當下可能聽到嗎？也不可能。又比如唐朝的李淳風，在唐朝時講大六壬，或者在講奇門遁甲，李淳風是歷史著名的大師，講的奇門遁甲一定是真傳，而我現在想聽一下他講課，怎麼能聽到唐朝時的課呢？不可能！

我想得到真經，我要找靈山，其實佛祖還在靈山講經說法，但是我現在想聽真佛、佛祖直接講經說法，能聽到嗎？聽不到！所以說我們的這一套溝通體系是最低層級的溝通體系，是基本上都隔絕著的溝通體系，太局限了，你的聲音發出來，能傳到我的耳朵裏，這都是震盪，有震盪波發出去我才能聽見。但如果我們是在沒有空氣的狀態下，

你在那兒說話我能聽見嗎？不可能！有太多的制約條件。

　　有人說：「老師，這不就是語言的溝通模式嗎？人不就是靠語言溝通嗎？」不是的，語言真正形成才多少年？一萬年前的伏羲那時候有現在的語言嗎？而像北京猿人、非洲原始人，距離現在已經一兩百萬年了，在沒有語言的狀態下，他們如何溝通？而且現代人有語言也不一定都能溝通。不用說不同國家之間，即使我是中國北方人，到南方福建一句也聽不懂，我說什麼福建人也聽不懂，這種溝通模式太局限了。

　　難道還有別的溝通模式嗎？當然有了。如果沒有，在我們這套語言之前，人與人之間是怎麼溝通的呢？不要說以前的人，動物怎麼溝通？有人問：「老師，動物溝通嗎？」其實人家動物溝通毫無障礙。說個真實事件：四川汶川地震，老鼠在逃跑的時候，回頭看見一隻狗傻呼呼站在那兒，老鼠就說：「快要地震了，快跑吧！」狗一聽，撒腿就跟著跑……剛想跑，心想不行，主人還在家，我得趕快告訴主人！狗忠誠啊，就又跑回去了。下午兩點多，主人正在打麻將，狗對主人「汪汪汪汪」，說：「快跑吧，地震來啦，快跑啊，馬上就地震啦！」主人聽不懂：「去！平時不叫，今天怎麼了？」一腳把狗踢飛。狗急得不得了，馬上就要地震，人這所謂的萬物之靈還在打麻將，什麼也不知道，真蠢！狗實在沒辦法了，靈機一動，看見床上躺著的嬰兒，主人的小孫子，叼著孩子就往外跑，主人看見哪還能打麻將，隨即追

出門。才剛踏出家門就聽到「轟隆」一聲，房子倒了，打麻將的其他三人都死了，主人激動的抱著狗邊親邊說：「是你救了我！也救了我的孫子啊！」這是當時的真實事件，地震那時候我在四川，親眼見過那隻狗。

可見動物之間有很好的交流，突然間一大群老鼠跑到地面，吱吱叫著報信，狗能馬上明白意思。其實，狗自己也可以知道會地震，只是可能比老鼠晚一點，老鼠在地下，感受地底深處的地震波早一點。狗已經感受到震動異常，老鼠跑上來一報信兒，馬上確認要地震，趕快跑回去救主人和主人的孫子。狗所做的太感人了！但是後面的事其實我不願提了，狗的結局很慘。後來因為四川地震三五天以後，屍體腐爛，怕有瘟疫之類的次生災害，說狗容易誘發狂犬病之類的風險，當時的動物都得殺，這隻狗竟然也被人殺害了！這隻狗屬於義狗，救了主人祖孫的命，主人是不是應該豁出命去保全牠啊？然而打狗隊來了，主人並沒有保牠，打狗隊就把狗殺了，當時我就在現場，知道了以後心裏特別的不好受。

汶川地震時，動物救主人的很多！狗、豬都有，豬都比人聰明。就只有人，地震來了一點也不知道，房子塌下來才知道爬出來，還自稱萬物之靈！為什麼會這樣？人已經與宇宙自然隔絕的時間太長了。我們要講明的是，其實還有一套溝通系統，那一套溝通系統才是最原始的溝通系統。真正學會那一套溝通系統，你就能和山河大地、日月

星辰，包括動物植物去溝通。那就是禪宗講的心，以心印心。就這四個字，其實裏面大有深意。真正的禪宗大德，必是和動植物、山河大地都在溝通。所謂起死回生的能力，即是大德之人能與將死之人的心溝通。

　　人死也好，活也好，一切唯心造，都是他的心，即他的神識決定的。比如，將欲年輕即死之人，想很早就安排一場車禍，然後就走了，其實都是他自己安排的。為什麼這麼安排？許多人內心有極度的愧疚，或者覺得做了應該受懲罰的事，他的潛意識中就有這種做了這類事就應該受懲罰的觀念、執念。因此，就會安排自己在某個時間點，發生車禍而死去，覺得這就受到了應有的懲罰。

　　三十多年來，我療癒了許多因內疚、愧疚而自我懲罰，進而導致疾病、死亡、入獄、婚姻不幸等等的人，他們就覺得：「我不配，我這樣的人不可能擁有這麼好的丈夫，他不應該對我這麼好，我是這種人，應該受懲罰！」心裏面什麼稀奇古怪的想法都有，但她的意識並不知道，是她的潛意識、她的神識、她的心，這樣想、這樣安排，老公對她再好，最後一定要分開，一定要自己痛苦，覺得受到懲罰才可以。這種病只有一種方法對治，就是以心印心，與她的心溝通。透過溝通，化解她內心當中的愧疚，把所謂的、她認為的因果，這些錯知錯見都化解掉，當她不內疚了，就不覺得自己應該死了。

　　一切都是心的安排，生死也是心自己安排的。車禍昏迷之人真的

想要活的時候，一念之間就醒過來了，就能活下來。佛法就是如此簡單，其實大道至簡，要起死回生，療癒疾病，和合情感，破除障礙，消除牢獄之災，用佛法、道法、儒學都是一回事，都很簡單。有人不敢相信：「老師，你是不是太狂妄了，這麼難的事，怎麼能如你所說的如此簡單？」事實告訴大家，當你真的掌握真諦、掌握真相，這些事真就這麼簡單。有人說：「老師，那你不就是神仙了嗎？死人都能救活，什麼疾病都能治好，任何牢獄之災都能破解？」你錯了，不是我給他治病，也不是我讓他起死回生、夫妻和好、事業破障，都不是我。是他自己起死回生，自己想死就會死，自己想活就活了，都是自己心的決定。心若覺得應該擁有幸福，就會擁有幸福；如果覺得我不配這個幸福，就不會幸福。心一旦改變，認為我配的上擁有這樣的幸福，那立刻就會幸福。看似非常神奇，但是一定是你自己改變，我的作用只是指點迷津，也就是點化。

　　觀世音菩薩廣大的威力，救苦救難多麼的心切，那地球上所有生病的人應該祂一摸就好，但是為什麼還有那麼多人生病、那麼多人死去、那麼多人不幸？而觀世音菩薩只能看著他們流淚，只能救有緣之人。也就是觀音菩薩只做一件事，指點迷津、點到為止，即點化。這麼說更容易明白，觀世音菩薩做的就是以心印心，菩薩的心和眾生的心是可以溝通的。當菩薩看到你自己這麼安排車禍，祂會跟你講，其實你曾經犯的錯、做的事不至於這麼嚴重的懲罰，你所謂的因果，對你來講是一個錯知錯見。菩薩把這個理講透了以後，人一下就覺得放

下了「我不應該受這麼重的罪，我就腿撞斷了住三個月院，讓我吃這個苦基本上業就消了。」如此一改變，命就挽救回來了。腿斷了住進醫院必須住滿三個月，怎麼治都不可能提前治好，而三個月一到，立刻就好。

這就是佛法到底如何療癒治病救人的，絕不是念「阿彌陀佛」人就活了！那叫迷信。理不通，你跟他的心都溝通不上，跟他的心連不到一起，天天念阿彌陀佛，對肉身之人念，不入他的心有什麼用呢？那個肉身就是一個假相，就是一個幻影，對著幻影念佛，是沒有意義的！那就是不懂佛法、不懂佛理。

有人說：「老師，我修大悲咒幾十年了，為什麼家人、孩子都有病，我對他們念 108 遍大悲咒也沒好呢？」你作為一個肉體對另一個肉體念咒，怎麼能好呢？這麼做根本就不懂得方法。還有的說：「老師，我對水念 108 遍大悲咒，做成大悲水給兒子喝，兒子的病也沒好。」其實大悲水根本不是那麼做的，這麼做完全不通理，是個人錯誤的認為那是大悲水。然而，如果方法真的對了，大悲咒做成的大悲水具有巨大的力量，不可能治不好簡單的發燒、痙攣。對著水念大悲咒，你是一副肉身，不要以為肉身與水有聯繫，其實跟水是隔絕的，而且在肉身層面，你跟你的兒子也是隔絕的。對水念大悲咒，大悲咒根本無法進入水裏，水還是水，只是被聲波震了一點而已，給孩子喝這樣的水跟喝一杯白開水沒有區別。如果感覺有效果，也僅是安慰劑效應。

真正的佛法可不是安慰劑效應，當場見效起死回生，我們這麼多年有很多實際案例。弟子的父親在醫院，病危了，弟子打電話尋求幫助。那怎麼辦？跟他的心溝通，溝通好後，父親的心說：「那行吧！我先不走了，女兒這麼希望我多陪她幾年，反正在那邊是待，這邊也是待，我就在這邊多待幾年，多陪陪女兒吧！」這邊溝通完，那邊醫生一看那位父親立刻好起來，可以出院了，這種事太多。有人驚嘆：「老師，這不就是神仙嗎！」不是的！我不是神仙，我只是從我師父那裏學到了這一套方法，也就是我們老祖宗的智慧，我剛才所有講的都是禪宗的以心印心，其實就是自性。

自性到底是什麼呢？就是六祖惠能悟出來的這些。萬事萬物皆有自性，不僅人有自性，人的自性是清淨的；狗也有自性，狗的自性也是清淨的；豬也有自性，豬的自性也清淨，只是動物沒有語言，沒發明人所使用的這一套語言溝通模式。動物用的是最原始的以心印心模式，狗與狗之間以心印心，狼與狼之間以心印心，豬與豬之間以心印心。那狗與豬之間呢？人只是聽到狗「汪汪汪」、豬「哼哼哼」，認為動物之間就是透過簡單叫聲的內容進行交流而已，那就把動物想得跟人一樣笨了。

在此告訴各位，人發明語言是人類靈性的一大退化。這就是《聖經》裏面的巴別塔，即通天塔那個典故的真實意思。上帝在天上，人不甘於從伊甸園下來，想又回到天上，這怎麼回得去呢？人不走回歸

的正路，想建一座塔爬到天上去，爬回伊甸園。所有人都集中起來，大家共同的心願，都想回到伊甸園，於是決定建個高塔一起爬上天去。群情合力一起建，塔建的速度很快。那時候沒有語言，所以大家分工都是以心印心，以心相通，各司其職，塔很快就建得很高了。上帝在天上一看，若再建幾代真就建到伊甸園，這些人類要爬上了伊甸園，用不了兩百年伊甸園也變成地球，又無法生活了，上帝也沒地兒待了。上帝一看這不行，最後想了一招，一夜之間創造且打亂他們的語言，按全世界各地不同的地域，每個地域有不同的語言。語言打亂了，就沒法繼續合作建塔，就完全亂了。就像我是北方人，見到一個福建人，兩人要協同做一件事，他說他的雞話，我說我的鴨講，一個牛叫一個馬嘶，該怎麼溝通呢？因為語言出現，人與人不能溝通協調，大家就無法合作，互相爭執，彼此就有誤會衝突，開始逐漸心與心不相通。而這就是指我們現在的語言，就是《聖經》裏面的典故。

其實這裏面有個非常深的意義。有這套語言之前，我們是有原始的溝通模式與方式的，那才是真正心與心的溝通方式。如果我們保持那套溝通方式，現在上帝還能阻擋人回歸伊甸園嗎？人早就爬到天上去了。心與心溝通沒法騙人，是真；而現代語言是可以騙人的，是假。口中說好來幫助我，我們一起做事，得利以後大家一起平分，結果事做好了、得利了，就把合作者幹掉，捅刀的時候嘴上還說：「我真的愛你，我真喜歡你！」現在人不都是這樣，說的都是假的！虛偽就出來了，欺騙就出來了，人與人之間就隔絕了。虛偽怎麼出來的？有了

分別，有了語言，就有這種語言的溝通模式，也叫意識、腦的溝通模式。這套模式出來，人就開始分裂，各自是各自的，開始與世隔絕。

這套模式一出來，我們原始的那套溝通模式就被掩蓋壓下了，但只是壓下去，原始模式還有。最開始的伏羲，之後經周文王，到孔子、耶穌、穆罕默德這一代人，還都是兩種溝通模式都有。古人一說「不立文字、教外別傳、以心印心」，馬上就知道怎麼回事，知道怎麼用。現在跟你說，你還知道怎麼用嗎？你知道怎麼以心印心嗎？什麼是以心印心？只看見這四個字但不會用。

現在只知道意識和語言的這一種溝通模式，所以狗汪汪叫也聽不懂，你的心跟牠是隔絕的，你只是聽到狗發出聲音。狗也聽見你發出的聲音，只是不明白你的語言內容，但狗懂不懂你的心呢？狗是懂你的。所有心理活動不僅從表情能看出，而且狗有時雖然沒看你，但你心一動狗都知道。家裏養寵物的會發現，有時候你心一動，心情不好，狗本來正玩得開心，你這心情不好，牠就停住回頭看你，然後過來又舔又抓又撓，逗你開心。你心情不好，牠怎麼知道呢？就是因為牠還保持著原始的這套溝通模式。所以跟動物們在一起，人開口說「我喜歡你，下輩子還在一起……」是沒用的，牠們聽不懂。但是你心裏一發念「下輩子還在一起」，牠馬上眼睛瞪過來，意思「你別嚇我，下輩子還在一起！」只是牠不會用語言表達。動物還都保持原始的溝通模式，但是人就不行了。

我們修行要修什麼？要修天眼通。天眼通了，天耳一定通；天耳通了，天足一定通，都是一回事。這整套模式一通，就與宇宙萬物直接相連，都是自性與自性直接溝通，心與心之間直接交流。治病、起死回生、破障礙、包括情感，這些全都是只要我跟你的心溝通上，我能說服你的心，能點化你的心，不是我把握你的命運，而是我就能幫助你自己改變自己的命運。所以古人算卦、大六壬看人的命運，算得很準，鐵板神斷算得很準，但是有個前提，他算凡人能算準，如果算修行人他算不準。為什麼？凡人根本就不知道心怎麼改變命運，不知道命運全是自己的心安排的。

　　凡人是生出來的一瞬間，這一生就注定了，他的心就已經把他這一生定下來了。怎麼就定下來了，我們後面再講。但是，凡人這一輩子心不變，只是在現實中去調整、去左右、去改變，其實根本就變不了。現實想改變心是不可能的，只有心能改變現實。因為心是投影源，現實是投出的影像。那你說影像能改變投影源嗎？不可能！有同學還理解不了為何現實是影像，這需要一點一點的熏修，熏修到一定程度會突然明白。但也會有人認為現實不可能是影像，見不到就認為根本沒有所謂的投影源，覺得是天方夜譚，這正是所謂「下士聞道，哈哈大笑，不笑不足以為道」。

　　現實中的一切都是投影源投出來的影像，要想改變現實，從現實中努力是不可能的；必須得找到投影源，投影源一變，現實馬上就變。

投影源在哪裏？就在我們心裏。所以，我們一旦開始修行，意思就是我的心發生改變，能找到我的心，能掌握它的規律，就可以運用規律，掌握趨勢，就可以調整了。

當我會調整我的心，我的命運就掌握在我手裏，命運就不會在算卦的人手裏。算卦的根據你的生辰八字一算，你在 35 歲的時候應該有一大難，但是我在 32 歲的時候找到明師，跟老師修行不離自性，反觀自心，發現給自己安排 35 歲時有個大難，那就得化解，到底為什麼給自己安排這個難，一看原來是前世有個恩怨，冤親債主在這兒已經設好埋伏，35 歲就取你性命。這種情況很常見，只需把冤親債主化解，就會化怨力、阻力為助力。我們不要聽到冤親債主，就拼命敵對，打死他、殺死他，那等於給自己又建立新的怨親債主，你就算消滅了他，也只是把這個事給延後，根本沒解決。真正的化解，一定要是把怨恨化成恩和愛，那樣冤親債主能害你，也能轉為助你。真正的佛法是要把冤親債主化成我們的貴人。

命運轉化後，36 歲再遇到之前算卦的：「你算錯了啊！」算卦的一定會問：「你是不是在修行？」一聽你 32 歲就開始在修行，會回說：「那就是了。修行以後，你的命運就掌握在你自己手裏，我再怎麼算都不準了。」

我們學習老祖宗的智慧，先不說為國家為民族，先為自己能夠掌控自己的命運，僅此一點我們不該好好學習嗎？怎麼能掌控自己的命

運，這些完全顛覆你的認知和觀念，你必須從理上先通，先把以前的認知、觀念，即所知障、錯知、錯見全都抹掉，變成正知見。在這基礎上，如果真正有緣，再受教以心印心的方法，即密術，馬上你就會用，你就能掌控自己命運，同時也能幫助別人掌控他們自己的命運。

　　佛法沒那麼難，但是佛法真的講究緣。觀世音菩薩也講「有緣人」，什麼是有緣，那是說不清道不明的。我看見你，我就想教你，你不學不行，你不學我給你製造障礙，逼你學；有的人拼命求我，我就是不教，給多少錢也不教，不是錢的問題。有人問：「老師你為什麼收他卻不收我？」沒有為什麼，這就是緣，都是生生世世的事。真正能有緣，又有法緣的人，也就是能一輩子走在一起修道的道緣、法緣，比夫妻之緣、兄弟姐妹之緣、父母子女之緣都要深。你能跟兄弟姐妹下一輩子還是兄弟姐妹嗎？夫妻下輩子還是夫妻嗎？包括父母子女都不可能。但是法緣、道緣那是生生世世在一起修，可能變成任何樣子還都在一起修，這種緣分可真的不淺。

　　我們現在是藉由六祖惠能的感悟，給大家講宇宙自然的規律、真相、實相。你必須知道真相，才能知道怎麼起修、才能入門。

　　六祖惠能大悟，「一切萬法不離自性」。馬上強化自性到底是什麼，「何期自性，本自清淨」，就是說它本來就清淨。有人對「何期自性，本不生滅」有疑問，「老師，我能理解自性不滅，它永恆存在，但是自性不生，若沒生，我到哪裏去找啊？」其實，沒有生哪來的滅？「本自清淨」是空間概念，清淨亦即不占任何的空間，占一點空間就不清淨了，有空間就有雜質，哪怕多一粒沙子那就不叫清淨。「本不生滅」是沒有時間概念，既沒有時間又沒有空間。「何期自性，本自具足」，這句話太重要了，就是既沒有空間又沒有時間，還什麼都有，即什麼功能都有，感覺全都是悖論。然後「何期自性，本無動搖」，它不會因為你修行而多一點，也不會因為你不修而少一點。「何期自性，能生萬法」，萬法即人事物全在其中，但是它又不在任何時間和空間。

　　感覺六祖惠能說的句句矛盾，看著這句話，我們就想到一句話：「不增不減，不垢不淨，不生不滅；既盡虛空遍法界，又不存在於任何空間；既包羅萬象，又空無一物」。其實這句話就在說我們的自性，在說我們的心。

所有的修行，都是知道「一切唯心所造」，知道整個宇宙是虛妄的，是心投射出來的投影，只是影子，心決定我的命運，心決定我的一切，一切根源都在心，我應該找到這顆心。所有修行的方法，入定、行善、禁欲，包括所有的修本體、修助行，其實都在找這顆心。包括修禪、禪觀想、參話頭、找真我，其實都在找那顆心。

　　但是你覺得這顆心能找到嗎？它還沒生出來，你怎麼能找到它，不生不滅，根本就無形，它連形都沒有你怎麼找？盡虛空遍法界，又不存在於任何空間，就是說既布滿一切空間，在任何空間裏又都找不著，這怎麼找呢？你只有放下你的邏輯。為什麼覺得這是悖論？因為不符合邏輯，但不代表不符合真理。邏輯只是一條線，必須得有一個時間和空間在延續，即線性邏輯，但不見得是真理啊！要學佛，首先要放下你認為對的東西。如果在邏輯的狀態下，天天都是為什麼，天天都在找因果，都在糾結，還怎麼修？怎能明白這個「理」？如果還是按照世俗學的整套邏輯思維方式，我們從小所受的教育，放不下邏輯思維，認為什麼事就得有因，然後必然有個果。

　　修法求道，就一定要打破這些所知障。所有的物理規則，都得打破；所有的邏輯，都得打破，都是所知障，要放下！現實世俗中，邏輯性、理性越強的人越受重視，分析能力、推理能力、判斷力、決策力越強的人，也就越成功。但是，修道正好跟現實是相反的，現實中越成功的在修道的路上越難，所以六祖惠能給我們現的相是「無知

相」，不識字、沒文憑，沒有好工作，也不是高階主管的無知相。為什麼他不現王子相呢？

釋迦牟尼佛是王子相，是世間最高的，最聰明、最智慧的，然後昇華作佛。釋迦牟尼佛和六祖惠能，是兩個極端。當你人間的智慧到那個高度的時候，你也得去打破那個邏輯，打破那些把你扶到這麼高的「知見」，不打破就不昇華。為什麼佛祖要放棄世間最高的地位，因為當時在他那個國家裏面，他年紀很輕學識已經最高，沒有老師能教他了，所以後來出家、苦行，放下所有以前的東西，才有「凌晨睹明星而大徹大悟」，一下就昇華了。

那時的佛祖是放下了，但那個過程很痛苦。他苦行的過程，就是在放下他世俗當中最優秀的那部分。需要那麼多的苦行，需要破掉那麼多的知見，所謂四禪八定到「非想非非想處天」，其實還是放不下邏輯，回來發現還是不到位、不究竟。等到凌晨睹明星，一下大徹大悟，全放下了，原來是這麼簡單。但是，你做得到嗎？

為什麼釋迦牟尼佛祖要苦行六年，要受那麼多那麼大的苦，六祖惠能什麼苦都沒受，公平嗎？王子修都受這麼大的苦，一個不識字的砍柴樵夫，修行一點苦都沒受，張口就來，簡單得很，什麼苦行也沒受過，甚至有沒有吃素、禁欲都不知道。萬一在獵人隊裏他根本沒吃素，還有老婆、有孩子，這樣的人還能成佛，誰能接受啊？但是，六祖為什麼如此表相，用這種身分表法呢？原因在於，釋迦牟尼佛祖就

應該受那個苦，因為他世間的學問、凡人模式太深，如果放不下，鑽牛角尖，那是在世間邏輯上鑽，在分析、判斷、推理上鑽，保證世間優秀的同時也成為修行出世間法的大障礙。所以得受那麼多的苦，去放下曾經的優秀。而六祖惠能沒有那些障礙，誰教他邏輯性？誰教他判斷力？誰教他推理能力？誰教他決策？無教、無學的過程，就是沒有的過程，所以惠能聞法當下即悟，這就是頓悟，因為沒有那些所知障。

你別羨慕人家頓悟！關鍵在於你在世間能否像他一樣，不識字、不找工作、不知道下頓有沒有的吃，你能做到嗎？不可能的。你有太大的恐懼，需要在人世間一直保持優秀，某一天不優秀了你會非常的恐懼。你能像六祖惠能一樣就打打柴，反正有力氣，不用費心下頓飯在哪兒，餓了到山上打一捆柴回城賣掉，就有頓飯吃；就像現在，送份快遞能掙八塊錢，老母親五塊錢一頓飯，我三塊錢一碗麵就行了……這是需要勇氣的，在人群當中不優秀是需要勇氣的。

有人疑問：「老師，既然不優秀需要勇氣，那好吃懶做的人都是大勇氣者嗎？」你試一試！你已經習慣優秀了，要不然為什麼從小就優秀，怕自己不如別人。而社會上很多有成就的人，都是上學時候所謂的學渣，考試只得三分卻歡欣鼓舞，「終於蒙對了一個題！」一點兒都不恐懼，反而老師很恐懼、很焦慮的說：「孩子啊，你這長大以後，考不上大學怎麼辦啊？考不上好大學，就沒有好工作，沒有好工作，

就找不著好老婆，找不著好老婆，就沒有好孩子⋯⋯」其實是老師想太多，這樣的孩子到社會，不受任何束縛，絕對不會沒有生存能力！

中國存在一種奇特的學霸和學渣現象，對於恢復高考以後的大學考生，做過統計，發現至今各省約兩千多位文理科狀元，經過二、三十年以後，並不是各個領域最有成就的，反而都很平庸。考試學霸到社會上很平庸，沒有幾個真正有高成就的。然而，很多學渣都是企業董事長、政府高官，有的企業做大了，聘用曾經的學霸。曾經的學渣作為董事長介紹總經理時說：「這個上學時跟我同桌，我那個時候讀書只考三分，我媽給我一頓打，人家總是考一百分，後來哈佛畢業，現在給我做總經理呢！」現實中是不是經常這樣子！

有人說：「老師，你在貶低那些有知識的人，貶低那些有文憑的人。」並不是！我講的是這個理，世間的事暫且不論，在此是告訴大家要想修道、要想求法，要放下世間的優秀，不放下就永遠入不了道門。你還拿世間那套學霸優秀的理論、模式、邏輯、分析、推理，覺得你比別人強，不放下那些，還用那些來修法，永遠都入不了門。我在此苦口婆心就是希望，在讀者受眾中，真正想修道、得道的人，真正能夠昇華。現實中的你已經很優秀，我再教授你方法超越這種優秀，能夠昇華。你必須得下一番苦功，把你認為對的所知障，導致你優秀的那一整套東西，全都放下！那是不容易的，那是需要大勇氣的，然後你修道才能入門。放不下這套理性邏輯、分析判斷、推理決策，你

永遠都入不了門！

有個電影叫《奇異博士》，奇異博士在神經外科手術方面世界第一，與神經相關的知識和手術水平，已經達到世間最頂級，是世間最優秀的人。後來到了加德滿都，古一法師給他打開一扇大門，帶他一下進入精神領域。其實電影中所有的表現，就是我前面說的開天眼，掌握了另一套溝通模式，能和萬事萬物溝通。《奇異博士》那部電影不是假的，真正明眼人一眼就能看出來，電影中全是修行的東西，證明西方在修行方面其實已經達到一定的高度了。

從電影就能看出來，西方已經掌握基本的理，雖然還有幾層窗戶紙沒通透，已經非常可怕。目前，西方是不斷的向核心挺進，且已破了皮毛；東方在兩千五百年前，整套智慧已經全都掌握，卻被後面不肖的炎黃子孫拋棄、摒棄、隔絕，不斷的遠離核心，甚至遠離皮毛，離道越來越遠。這就是現在華夏文明的現狀，不肖的炎黃子孫的狀態。一旦西方進到了核心，把最基本的理全都掌握並運用，就到了中華民族滅亡的那一天。

所以，怎麼理解這顆心「不增不減，不垢不淨，不生不滅」，到哪兒找這顆心？別想從邏輯上找，要找心就放下邏輯。找不到這顆心，就永遠入不了道之門。有人問：「老師，心生都沒生，到哪兒找啊？不存在於任何空間怎麼找？修也不增，不修也不減，那到底修不修呢？」這些全是邏輯思維下的疑問，那麼如何放下邏輯呢？這個問題，

就是《金剛經》的緣起。《金剛經》中須菩提問佛祖：「我怎麼安這個心，心在哪兒？到哪裏找？我怎麼能把心安住下來呢？」

修行到底在修什麼呢？能用一句話作為答案嗎？其實，何止一句話，從一開始已經用多少句話告知答案了，只是你聽不懂，必須一點一點的熏。從《六祖壇經》的最開始，我重複了多少遍「菩提自性本來清淨，但用此心直了成佛」，但是你還是你，依然覺得沒講答案，還在問。那好的，再換一個角度，「應無所住而生其心」，還覺得不是答案，仍繼續問……最後，我說：「其實這就是答案，為什麼聽不懂、悟不了？因為你就是學霸模式，所知障障著你，放不下。」

所以我們頓悟不行了，所知障太重，怎麼砸也砸不開，很無奈。給你一把小錘子，自己一點一點敲，什麼時候敲出點縫兒來，再請師父砸一下看看，砸透了，就悟了；砸不透，繼續敲……這就是漸修。打坐、念佛、念咒、吃素、禁欲、磕長頭、修苦行、過午不食等，這些都叫漸修。因為，要用漸修來消業，業障逐漸減輕，打坐的過程，邏輯一點一點放下，苦行的過程，以前固有的模式一點一點打破。

歷史上有大功能者或者開悟者，都瘋瘋癲癲的，例如濟公，是不是不瘋不足以成佛？佛怎麼都跟瘋子似的呢？瘋子是什麼狀態，你看他的行為舉止像瘋了一樣，其實他是放下了，打破了原有的模式。所以瘋了根本原因不是受刺激，而是放下！有人說：「我放不下怎麼辦？這張臉我不要了，放下了吧！」很多修道的人行為舉止異於常人，有

別墅不住，跑到其他城市流浪，就是要打破模式。打破模式的方法很多，每個人都有自己打破固有模式的方法，濟公有濟公的方法，所以修成了。釋迦牟尼佛祖，王子身分直接出家，到皇宮以外去怎麼吃、怎麼活都不用人管，就是在打破模式，各種方式在打破，把原有的模式都磨沒了，突然轟然開悟「原來這麼簡單」，然後就成佛了。

　　一句話不要從字面上去理解，否則就落入邏輯中，放不下的那個模式。有人還繼續問：「老師，那怎麼辦？」這一問馬上又落入自己的模式中了。「不問嗎？不問我也不懂啊！不問，老師也沒解釋明白，我就是不懂。」這是不是一種模式，你隨時都會落到你的模式中。

　　「老師，你得給我講一下，心為什麼不生啊？」哪有為什麼呀！不停的追問：「老師，怎麼能沒有為什麼呢？」這樣還學什麼法啊！要學法，當下悟不了已經很悲哀了，最悲哀的是當下又放不下，非得要問明白、說明白。

　　「老師，我在學校學習的時候，有任何不明白，一定得向老師問得清清楚楚、明明白白，回去再多加努力，研究明白，我考試才能考得好。」

　　告訴你，這裏沒人給你考試，是你的模式放不下。念完經以後不明白，沒有什麼叫不明白，所有人都叫「揣著明白裝不明白」。為什麼？所知障障著你，你認為不明白，其實人人都明白，非得整出個子午卯酉來，整著、整著就整偏了，所以從文字上去解讀經典一定會偏。

從文字上解讀經典，就是在使用邏輯、分析、判斷、推理，這本身就是錯！經典寫出來，本身呈現的就是立體的，不是條線的，而你非得用這條線去解讀。

　　所有從字面上解經說法的，都是「謗經」，誹謗經典，罪莫大焉！絕不可以從字面上去解讀它，一定要體驗，從內心的體會感悟出來，並不是「明白了」，不是解讀出來。

　　所有的經典要想掌握它的真意精髓，必須得有方法帶入經典之中。讓自己進入經典去感受，自己去悟，才會知道真意。

第十七章

不識本心學法無益

善自護念廣度有情

五祖一聽惠能說這幾句話，基本上就知道了。【祖知悟本性】，知道六祖惠能已經見性，已經悟道，也就是明心見性。好多人認為明心見性就是大徹大悟，就會法力無邊、神通廣大，認為明心見性就是修行的根本，就是修行的果一樣。其實不是，對於修行來講，明心見性只是入門。

如果你不明心，見不了性，說明根本就沒入門，再修也還是在修一些助行，本體是什麼根本就不知道。明心見性是入門的開始，一切都要在明心見性之後才開始起修，如果你都沒有明心見性，那你一修就錯，就是盲修瞎練。所以，五祖弘忍馬上【謂惠能曰：「不識本心，學法無益。若識自本心，見自本性，即名丈夫、天人師、佛。」】什麼是佛？怎麼開始學佛、成佛？怎麼能脫凡入聖？這一句話五祖弘忍清楚說明：「不識本心，學法無益。」這顆心是什麼？這顆心有什麼功能？這顆心能找得到嗎？這些都是學法的根本。如果你對這顆心沒有通透的瞭解，就不要學法，學法亦無益，會越學越糟，無益反而有害。這顆心即是道之本，遠離這顆心，離道就遠了，沒有勘透這顆心，就去學法學道，那叫邪門外道，就修邪了。求圓滿得不到，想成佛成不了，反而成了魔。

佛與魔的區別在於，一個向內求、一個向外求。外求離道越來越

遠，越外求越偏執，後面必是成魔。向內求找自己的真心、真我，找到後開始起修，不離真心、真我，即本心，念念不忘的修，這才是成佛之道。即是五祖所說的「不識本心，學法無益」。

一切皆是由心所造，我的命運是心造的，我要想調整我的命運，只有一個方法，找到這個心，調整這顆心，調心轉運才是正道。求護法，拜觀音，拜佛都轉不了我的運，祂是在我們有障礙、有災難的時候幫我們渡劫，要想改變自己的命運，必須得靠自己找到這顆心，能夠明白、認識「一切唯心所造」。但如何尋找這顆心呢？怎麼能找到它呢？得有明師指點。「不增不減，不垢不淨，不生不滅，既盡虛空遍法界，又不在任何空間，既包羅萬象，又空無一物」，到哪兒找啊？是的，沒有明師指點，我們找不到。明師僅是指點還不行，只是找到它還不行，還得把這個心與我的肉身、與我自己相關的人事物，包括宇宙萬事萬物之間的關係和規律，教給我們。通達這些規律之後，才能找到這顆心，能掌握心的運行規律，而後就能掌控它，命運就掌握在我們自己手裏。如果找不到這個心，不知道心的運行規律，就沒有意義，沒法應用，也不可能掌握自己的命運。

學佛，當「識自本心，見自本性，即名丈夫、天人師、佛」。大丈夫是人中的王，天人師是指掌握了這些就能給天人當老師，講經說法，教天人怎麼做。佛是宇宙第一，是終極，整個宇宙盡虛空遍法界，無所不能；佛是天上地下，唯我獨尊，也就是「跳出三界外，不在五

行中」，跳出以後回過頭來掌控三界、掌控五行，這就是佛。五祖弘忍即是說，「識自本心，見自本性」，就可以練成人中第一、天人第一、宇宙第一。

師徒之間一晚上把該傳的密法都傳了，六祖惠能也得了衣鉢，得了法。【三更受法】，三更天時就受法完畢，感覺很簡單。像神秀和其他弟子跟著五祖弘忍學了幾十年，最後還是什麼都沒學成，難道教的方法不一樣嗎？確實教的方法不一樣。為什麼同一個師父教的方法卻不一樣呢？因為弟子的根性不同，師父教的方法和內容，一定是不一樣的。針對上根之人，有上根之人的教法；針對中根之人，有中根之人的教法；針對下根之人，有下根之人的教法，傳法必是因人而異。

一個師父有多少法可傳？當一位師父有正法正脈的傳承，又能夠自成體系以後，所謂的法是無窮無盡，信手拈來。根據弟子的根性，需要什麼法，師父當下就傳什麼法。而且，一定是每個人傳的法不同，有針對性的，這才是真正的傳法。師父絕不僅僅只有那一樣或者幾樣術，絕不是不管什麼弟子、無論什麼根性，只傳那幾個法，大家都練一樣的。明師是不可能這麼做的。

真正的明師自成體系，法隨心流出來，因為明師一定是不離自性，法是自然流出的。也絕不是一位師父掌握 3600 個法、365 個法、20 個法……還有具體個數，而是無窮無盡、信手拈來，做不到這一點，還如何能被稱為師父，那樣師父自己都被所謂的法束縛著。「法尚應捨，

何況非法」，能看透此點，方為明師。

【三更受法，人盡不知，便傳頓教及衣缽。】衣缽和密法都傳給惠能了，三更時天還沒亮，就已傳完。當念到《金剛經》「應無所住而生其心」的時候，六祖惠能就已經得法。傳法這麼簡單嗎？一夜就傳完了？是的，對上根之人來講，一句話通透就能大徹大悟，立刻就「一真一切真，萬境自如如」。

有人問：「老師，怎麼我聽這麼長時間，也沒什麼感覺，即使有點感覺，也抓不著這個邊，這是怎麼回事？」因為現在末法時期，福薄業重障礙著你。那現在應該怎麼辦、怎麼修？不要從頓教去修，不要求一句話就開悟，要跟著師父，慢慢漸修，不斷熏陶，把自己強大的固執、執著化掉。把自己已經形成慣性的凡人模式，不斷的熏陶，不斷的強化，變成聖人的模式。學個幾年、十年、二十年，就能摸著點門道，或者能入門，現在只能透過這種方式，其實就已經不容易了。末法時期就是這樣，沒有辦法。

大多數人剛開始求道時，遇到明師特別心切，不睡覺的打坐、念佛、念咒，等修個三年五年勁兒也就沒了，就開始落入世俗紅塵，就不再修了。現在不要說頓悟，真正能跟著明師繼續下去的人都不多，更不用說末法時期已是遍地邪師，所謂的明師已是鳳毛麟角。

五祖弘忍對六祖惠能【云：「汝為第六代祖，善自護念，廣度有情，流布將來，無令斷絕。」】這就是任命了，佛法裏稱為「授記」。

師父傳給徒弟，或者任命、認證，必須得有授記，弟子要想修成必須得有師父印證，就是授記「汝為第六代祖」，即我任命你為第六代祖。「善自護念，廣度有情」，要好好的自己修習，常常護持、念念不忘。怎麼自修？即是不離自性，自性本自清淨。不於境上生心，不於念上生念，修的就是禪定。

外不著相曰「禪」，內心不亂曰「定」。善自護念，護什麼？念什麼？常常護持的是「如如不動、本無動搖」的這顆心，念念不忘，守著的這個境界就叫「外離相，內不亂」。外離相是不會被外面的人事物所牽扯、牽引，不要執著或是沉迷於外境。外面的一切都是過眼雲煙，來了就應，去過不留，盡量練這種形式，不要境上生心，不要念上生念。練習事情來了直接就應，想怎麼應就怎麼應，沒有那麼多為什麼，事情過了連影子都不留。再碰到別的事、別的人，馬上就應，應完就不留，這是要練的，這才真正是修行。

「善自護念」就是自修一定不要忘。「廣度有情」就是說，你真正自修成一個體系以後，對有緣人就得大開教化。這是修行人必須的階段，修行到一定階段，不可能不想當老師、教化人。

難道得道、得法就能教嗎？也不是。開悟、入門，只是你的起修，那叫自修。而你的自修，得經歷多少年，不斷的在現實中、紅塵中、煩惱中去修。就好像你是這一塊好鋼的礦石材料，被師父發現，把你送進煉鋼爐，那就是你明心見性、悟到本來，可以起修了，意味著你

這個礦石被發現了，可以鍛煉了，可以向鋼的方向去煉。但不是說你一開悟、一頓悟本性，你就是鋼了，還得經歷千錘百煉的磨練過程。五祖弘忍告訴他善自護念，這就是煉的過程。自己真變成純鋼時，才能再廣度有情。

「流布將來，無令斷絕。」即得法了不可匿法，就偷偷留著，傳給自己子孫，這是不可以的。要廣布，即廣度有情，流布將來，無令斷絕。有大機緣得法，經過千錘百煉得以練成。何為「練成」？就像六祖惠能得法時，僅僅只是入門，還不可以教人，後來又在獵人隊裏待十五年，這十五年期間的經歷也是非常豐富多彩的，但是《六祖壇經》裏僅僅一帶而過，沒仔細講。而我們秉承禪宗法脈，六祖的經歷師父也會傳承，其實惠能這十五年，不是簡單在獵人隊裏待著，他在世間經歷了太多。世間即是大染缸，就是磨練場，世間就是煉他的洪爐，十五年歷經磨難、煩惱叢生、幾經生死，把他在五祖這裏所悟到的佛法，以及受教的密修、密傳部分，在現實中不斷應用，破除煩惱、破情愛觀、破財富觀、破生死觀，十五年一路修下來，才真的形成自己的一套完整體系。即入門十五年後自成體系，才可謂練成，再出山「廣度有情」。

五祖弘忍給惠能授記的時候，已經告訴他後面要做什麼。所有的修行人一定都是如此，先自己修，自修成了以後，即百煉成鋼後一定是「廣度有情，流布將來，無令斷絕」。這是兩個階段：第一階段「自

修」，第二階段「助人自助」。在幫助別人，為別人排憂解難、消災祈福、調心轉運的過程中，其實也是在修自己。

不僅這兩個階段，完整的修行步驟包括：第一階段「自修」，第二階段「助人自助」，第三階段就是「調整一個區域的集體潛意識」。到了第三階段，就不是調整一個人的痛苦、困惑，而是面對一個區域，改變一個區域的集體潛意識。比如說，某個地方大旱三年，從理上、根上來講，必是這個地方的人心出了問題，必是人心向惡或者衝突不斷，人心又反映在天氣上。一個地區方圓百里，大旱三年顆粒無收，這時我們修行人就責無旁貸，要到這個地方來調理人心，讓這個地方風調雨順，改變其天氣狀態，來祈雨、救災。有人疑問，真能祈來雨嗎？歷史上太多這種情況了，一般來講有大旱、大澇等大災之時，都是道士直接到這個地方做法、斬妖除魔，將此地的災害平息，實現風調雨順。當地人就會建道觀、建寺廟，繼續請大德來鎮守，保護一方。這並非僅是電影場景，電影都以事實為原型。

其實自古以來，從伏羲到現在，調理人心、消災解難之事就沒有間斷過。只是現在很多人都是無神論者，所以有災害也不知道該怎麼辦，沒有道士了，炎黃子孫也就都不知道，認為是迷信。但歷史上比比皆是，都是有理可循的。一個地方為什麼會有自然災害、大災大難，一定是人心出了問題。這叫天人感應，天即自然，人心和天道、大自然一定是相互感應的。人心善的地方，山水風光都旖麗；人心惡的地

方，就是窮山惡水，所以俗話說「窮山惡水出刁民」。話說回來，為什麼會窮山惡水，人心不好、不善，人心向惡，山水都跟著不長樹，都沒有生機，這就是天人感應。

為什麼需要有道士下山調整風水、氣候呢？人心再惡，但也必有向善的一面，修行人職責所在，既然經過修行掌握了方法、知其理，就有責任和義務調理人心。而且功力越高、道行越深，責任也就越大。既幫助一方水土、黎民百姓，同時也是加強自己的修行，這就是第三階段。面對集體潛意識，給一方水土息災祈福，就不是調整一個人，而是一方水土黎民百姓整體的心，這是大功德。

繼續往上修就是為國家為民族，道行就更深了，是國之護法。不僅守護一方水土，而是民族的護法、國家的護法，那時就成為國師、帝師，道行須得相當的深。帝師、國師掌握著一國的命脈，在精神領域去抵禦外族的對抗、侵略，保家衛國。國師必須掌握通天徹地、陰陽五行，顯學用於教化眾生，玄學密修用於保家衛國。在精神領域是王，國家民族因你的存在而平安，開疆擴土、戰勝外敵，雖然不是現實中的將軍，但比將軍還要厲害得多，必是精神領域之王，是守護者。

有人疑問：「什麼是精神領域的守護者？現在戰爭一發起，不都是將軍元帥坐鎮疆場，下面士兵衝鋒陷陣嗎？」你只看到現實中的表面，還要知道整個國家和民族都有靈界需要守護，就像《封神演義》裏的描述都是真實的。如：商紂王和西岐在交戰的時候，都是西岐姜

子牙一方的道士，在精神領域跟商朝的申公豹一方鬥法。西岐的護法就是姜太公，代表昆侖山下來的神仙體系；商紂王有申公豹等另一批神仙體系，兩邊在精神領域開戰，而現實中的戰爭呈現的就是結果。其實真正的勝負取決於精神領域的那一套體系。

現在是不是這樣呢？現在的中國、俄羅斯、歐盟、美國、印度等國之間在攻守、對決什麼呢？中國現在為什麼這麼弱，就是精神領域打不過人家。以前我們精神領域很強大，現在不行、沒落了，中國人都不知道精神領域是什麼，連天都找不著，怎麼找精神領域，誰還懂真正的法術！現在那些修行人，修的都是一些小道、小神通，對國家、對民族都沒有用。我們現在真正需要的是國家的大護法，是通天地之道、通陰陽之道、通五行之道的大護法。這些真正的大護法再不現世，中華民族就徹底完了。中華民族以前那麼強大，後來是怎麼沒落的，為什麼被動挨打，現在究竟怎麼了，之後再找機會好好講一講。

現實一定是精神領域的投射，而且只是投射，反映的是我們的內心集體潛意識。東方、中國都是一個集體潛意識，我們國家發展的所有狀態，是我們所有炎黃子孫，內心深處集體潛意識的投射。集體潛意識是一個大的心，國家民族也有一顆心，是所有的炎黃子孫、每一個人發出的心彙集而成的。整個國家和民族發展的狀況、狀態，都是這顆心投射出去的，這顆心就叫集體潛意識。東方中國有集體潛意識這樣一顆心，西方也有這樣一顆心，因此就是集體潛意識在互相比拼。

西方看似現實的現代科技很強大，但是它的根源在哪裏？是因為西方在精神領域、在靈界，也很強大，所以才導致現實中的強大。西方的煉金術、黑魔法等所謂的巫術，從沒間斷過，一直在修煉。你僅看到其現實中的強大，那是因為西方那套修煉體系沒斷過。西方資本主義強國，背後都是大的猶太家族，要是研究他們歷史上修行方面的整個過程，你就會發現上千年來，下面現實中是戰爭不斷，上面精神領域沒斷過修煉黑魔法、煉金術等巫術。因為他們知道精神領域的力量強大，非常重要，現實都是精神領域的投射。

反觀中國，從 1279 年蒙古滅宋後一直到現在，這一整套修行的煉丹術，包括修佛、修道、修儒的體系全斷了！從那時到現在，一千年的時間，沒有人修行，也沒人敢修行。所有的文化，尤其文化中最根本、內涵最深的玄學部分，根脈齊斷。全都斷了還怎麼跟西方打！西方上千年都在延續著，現在越來越成體系，越來越意識到精神領域的力量和現實的結合，練得也越來越多。現在西方那些大家族，包括很多總統本人，都有媒體曝光他們定期去祕密舉行黑魔法儀式。科技最發達的國家的總統、大家族定期舉行黑魔法儀式，難道他們是迷信嗎？這麼問就說明根本不懂。國家和民族之間，在精神領域的天上鬥爭開戰，就會在地上現實中投射出結果。

中國在毛澤東主席那個時候，一個人就把國家護住，把民族護住，使中國屹立於世界之林，他的精神力量多強大啊！一個人撐起一段歷

史，撐起我們整個民族。但是可惜沒有成體系，只是一個人，沒有法脈的傳承以廣度有情，向外教化更多的人。例如抗美援朝，說是志願軍英勇奮戰，其實不盡然，如果不是毛澤東主席的精神意志強大，不可能跟美國打平。

中國是一條龍，個人英雄、龍頭出現，後面就都能跟上，中國就會屹立於世界之巔。但問題在於英雄的個人如果一旦沒了，整體的力量也就沒了，精神力量沒了，一下又變成蟲了。就因為不成體系，無法廣開教化。雖然在帝王學中達到了前無古人後無來者，但是要把整個集體的潛意識都激發出來，形成一股凝聚力，那就不是一個人能做到，必須讓每一個中華民族的炎黃子孫都具備強大的精神力量。每個人都要戰勝個人心中的恐懼，具備強大的精神力量，再集合在一起，中華民族才能真正站到世界之巔。這一定要有手段、方法，而方法就是我們老祖宗的道，即道法中的煉丹術。

佛法當中，要成為大丈夫、天人師、佛，每一個人都圓滿，每一個人都小宇宙爆發，每一個人精神力量都強大，現實中必是靈感不斷，軍力、文化、教育等各個方面一定會領先於世界。現在我們弱，只會模仿，因為力量發不出來，沒有得道明師出山，把老祖宗這套大智慧傳出來。中華民族從 1279 年元滅宋開始，一直到現在有接近一千年的時間，我們在信仰、文化這方面被一味的打壓，現在已經落到最低谷，現實中的現狀就是中國人沒有信仰、沒有文化。

華夏五千年的文明，曾經是禮儀之邦，但是現在中國人在全世界是最不受歡迎的。即使你有錢天天去買人家昂貴的產品，人家還是看不起你，骨子裏看不起你，因為中國人是一幫沒有信仰、沒有文化的人，是一幫野蠻人，是一幫為了賺錢可以不擇手段的人。我們自己也很清楚這種評價有沒有道理，但是我們絕對可以再恢復漢唐，重新屹立於世界之巔，引領整個世界。唯一的路就是把古人的智慧真正找回來，然後自修，再廣度有情，教化眾生。非常希望，中華民族能出現一大批掌握老祖宗智慧的得道之士，出來「廣度有情，流布將來，無令斷絕」，唯一只有這條路能夠拯救中華民族。

第二節｜經典為種星星之火　文明信仰可以燎原

五祖弘忍又給六祖惠能說了一個偈子，【聽吾偈曰：「有情來下種，因地果還生，無情亦無種，無性亦無生。」】偈子不可以從字面去解，這叫以心印心。每一代往下傳時都要有一首偈子，但不要從字面解，得偈子的人不是用耳朵聽，不是聽文字，而是心，師父和他以心印心，就明白了。然而，到底明白了什麼也不知道，也是不能用語言表達出來的。「言語道斷」，一旦用語言表達，道就斷了、就沒有了。

五祖馬上又跟他說，【祖復曰：「昔達摩大師初來此土，人未之信，故傳此衣，以為信體，代代相承。」】南北朝梁武帝時期，達摩來到

中土。古印度釋迦牟尼佛開創頓教法門，也就是禪宗，從大弟子迦葉拈花微笑，得了衣缽，也得到了佛法最精髓部分的心法，然後傳到第二十八代祖達摩。達摩看到中土將是今後佛法大興的地方，而印度本土佛法將有大劫難，使佛法在印度滅絕。後來的歷史的確在中土唐朝後期，印度佛法的劫難就開始了。

達摩看到中土和佛法的因緣，於是一個人從印度東渡中土，在現在的廣東臺山一帶上岸。當時的臺山是個港口，是海上絲綢之路的起點，達摩從印度坐船到臺山上岸。當時梁武帝對高僧大德特別敬仰，聽說印度的高僧來了，馬上接見。但是見面之後，話不投機，梁武帝問達摩：「我興建了這麼多寺廟（南朝四百八十寺），供養這麼多的僧眾，你看我的功德大不大呀？」可是達摩直接說：「實無功德。」梁武帝很生氣，就把達摩趕走了。而後達摩一葦渡江，渡過黃河，在少林寺面壁九年。

後來碰到二祖慧可，把衣缽傳給了二祖，一直往後傳到五祖弘忍、六祖惠能，再以後就沒有七祖，一花開到六個葉就不再開了。然後，禪宗就開始分化，分出五宗七脈，流傳到現在基本上沒有什麼傳承，五宗七脈全斷了！其實在新中國建國、文化大革命以前就斷了，很早就斷了。現在要說修行方面的傳承，中土是沒有了，真正能留下點傳承的也就是西藏。藏密能有一些傳承，但藏密的傳承，留的是一些儀軌、咒語。儀軌相對比較完整的保留下來，但是只知道儀軌，而理，

即怎麼用儀軌，卻也都失傳了。大家只知道是按著儀軌修練，比如修千手觀音的儀軌、修大黑天的儀軌、修馬頭金剛的儀軌，只知道練，但是不知道為什麼練。

中土傳的大悲咒是唐朝傳下來的大悲咒，叫唐密大悲咒，而現在藏密的大悲咒跟我們念的不一樣，雖然都是千手觀音的咒，卻不是一回事。唐密大悲咒本身非常神奇，裏面蘊含著巨大的祕密，是唐朝傳下來的儀軌。這個修行方法在我們法脈還在傳承著，就是大悲法門。現在的中土，所有的法脈基本上都盡斷，連儀軌都沒有。所以中土這邊信佛，其實不知道怎麼信，既不通理，又沒有密修傳下來的儀軌，術和修行方法都沒有，基本上完全沒落。文化大革命一場文化浩劫，一些懂點儀軌的、懂點理的，也都沒有了！

有兩個道家的法脈在臺灣，但佛法根本就沒有傳到臺灣。佛法的一些真東西，可能僅在西藏的藏密有點傳承，但也不全，只傳下來一些儀軌。從唐朝松贊干布一直在傳藏密，雖然藏區有幾次滅佛，但滅得不徹底，而西藏也沒有大的外族侵略。真正的文化要想滅掉，信仰體系要想滅掉，必得有強大的外族侵略的情況下才有可能。而西藏幾次滅佛都是內部，其實影響不是很大，所以說從唐朝松贊干布一直到現在一千多年，整個西藏的傳承體系，相對來講還都是原來的傳統體系傳下來的。

雖然傳承體系、儀軌變化不大，有真東西傳下來，但是現在基本

上沒有知道如何運用這些儀軌、咒語的人，不會用就是指真正的理是不通的。別看藏密有很多經典，活佛喇嘛天天在講經說法，但其實也不懂，都是在字面上解，不會運用。比如，大悲咒到底怎麼用，「嗡嘛呢叭咪吽」六字大明咒，天天只知道念，念了多少億遍，但不知道怎麼用。修本尊法，也不知怎麼用本尊法，更不知怎麼用本尊。那些活佛喇嘛都在教大家儀軌，但是如何運用儀軌沒傳下來，很是可惜。

現在整個中華文明、信仰體系基本上完全崩潰，文化體系也沒有了，非常可悲。所謂的文明還在傳遞，是這些經典在傳遞。這些經典就是種子，只要有經典在，在某個時期、某個階段、某個機緣，會出現一批人，而不是一個人，以經典為依據，以經典為種子，把華夏的文明和信仰再度復興，星星之火可以燎原。非常難能可貴的就是這些經典都在，一旦文字或者文言文沒有了，大家看不懂經典、經典失傳，那整個華夏文明就全沒落、斷絕了。

第十八章

法則以心傳心

佛佛惟傳本體

第一節｜迷時師度以心傳心　自悟自解悟了自度

達摩剛到中土時，沒有人知道他的來歷。他拿著佛祖親傳的兩件信物，缽和袈裟，這兩件寶物是佛祖親傳的，帶著這兩個「信任狀」，大家才信他，有佛祖真正的衣缽，傳的是正法。衣缽也稱為信體，即「以為信體，代代相承」，一代一代傳下去。【「法則以心傳心」】，真正的法不是說把信物給誰，誰就有個法器、寶物，所以非常厲害。衣缽只是代表得到正法傳承，是個信物而已，真正的法是以心傳心，這是整個佛法的精髓。

傳法不是以語言傳法，不是口耳相傳，真正傳法傳的是心。而心是不傳的時候就在傳心了。老師在這兒講經說法，傳的是語言，傳的是文字，這叫口耳相傳，不是傳法。口耳相傳，是在給你講理，給你的頭腦、意識講理，是在破你的知見。用強大的正知見打破你的邪知見，打破所知障，打掉邪知邪見、錯知錯見，但是這不是傳法。法不是透過語言傳的，語言是用來破知見，用我的正知見破你的邪知見，用我的智慧之光打破你的邪見黑暗障礙。打破障礙是講經說法的目的，所以真正在傳法的過程中，講經說法只是助行，本體怎麼傳要自己去悟。記住，「傳法」的時候傳的不是法，「沒傳法」的時候傳的才是正法。能悟出來就悟了，悟不出來，你就得不著真東西，所以真法就是以心傳心。

如何以心傳心，就是跟著師父，自己悟。再次強調，我在這裏講經說法，不是傳法，因為法不可能用語言傳，言語道斷。不管怎麼說、說任何話，都不可能把一個立體的東西用一句話說清楚，所說的一定是一個點，充其量是一條線，不可能是這個東西的全貌。不要以為可以在此得法，我在這裏講經說法，是在打破你的知見，為真正的得法做準備，知見不破，障礙不除，還都是邪知邪見障礙著，我的心根本印不到你的心裏去，你根本就得不到法，所有的講經說法都是這麼回事。

　　【「法則以心傳心，皆令自悟自解。」】如果理解不了以心傳心，後面五祖所說的，只能自己去感受，該說的已經說得太多了，還是感受不出來也沒辦法了。做師父的不會有所保留，但是你實在悟不到、解不出真義，那就沒辦法了。所以，神秀跟著五祖弘忍幾十年，天天認真的上課，聽五祖講經說法，最後還是什麼都沒得到。而六祖惠能一次都沒聽過五祖弘忍講經說法，但是一見面，心一下就印到一起，非常有默契。其實這很難說清楚，如果說要學惠能，又會落到意識，落到分析，落到分別和比較中。「皆令自悟自解」，師父也沒辦法。

　　【「自古佛佛惟傳本體，師師密付本心。」】其實真正的傳，任何真佛傳的一定不是助行，一定都是本體，即菩提自性本來清淨。「密付本心」，找到本心就找到了本體，知道本體就一定知道本心。

　　「師師密付本心」，絕對沒有師父僅從助行教弟子，而不教心法。以心傳心，真正的佛、師都是這樣傳，不是讓大家向外求。如果師父

有時傳弟子外求之法，一定是根據弟子的根性不同，在不斷改變師父的教學方式。弟子都是上根，師父一定用上根之法，就像六祖惠能和五祖弘忍一樣，那種默契非常簡單。弟子沒有那種根性，師父天天以心印心，可是弟子福薄業重接不到，業障像黑黑的牆屏蔽著，師父的光透不進去，那就不能再僅是以心傳心，要教你助行，教你向外求助，先把你的業障、那面大黑牆打破，然後才能「佛佛唯傳本體，師師密付本心」，以心傳心。

所以說當師父教你向外求的時候，教拜佛、念咒、打坐的時候，其實已經是慢慢落入下乘，是沒辦法的辦法。但是沒有助行消業障，根本一點希望都沒有，所以該外求的階段，念佛、念咒、打坐、吃素、禁欲等助行還是得做。一旦哪一天透過助行把障礙打通、打破，回過頭來發現助行此時根本沒有意義，就明白了原來本體、本心、自性本自清淨、本自具足。但福薄業重的階段，助行並非沒有用，如果沒有經歷這個過程，沒有外求的助行來幫助你打破自己的業障，你就會永遠迷著。

【「衣為爭端，止汝勿傳。」】衣缽是爭端，如果衣缽一代代傳下去，大家就會把衣缽當成真的寶物，認為誰得到衣缽誰就厲害，把重心轉向爭奪衣缽，從而忘了修行本體，忘了識自本心，忘了親近自性。「止汝勿傳」，到你這一代就別再傳了。五祖弘忍已經看到，為了衣缽弟子之間人性大暴露，底線都沒有了。《六祖壇經》裏說到，

六祖惠能一生因為衣鉢爭端，生命都處在危險狀態，一生都被追殺著，到了曹溪還有人在追殺他、爭搶衣鉢。殺六祖搶衣鉢的都是修道的人，因為他們對此最在乎。

【「若傳此衣，命如懸絲。」】如果你還去傳衣鉢，甚至僅是帶在身邊，都非常危險，預見到六祖惠能一生都處在危險境地，但是後面這個衣鉢就沒了，也不知道六祖怎麼安排衣鉢的。只是六祖往生之前，命令弟子回到他新州的老家，建起兩座塔，但是並無記載衣鉢是否藏於此塔。後來這兩座塔倒了，也沒有發現衣鉢，但是發現塔基下面有密室，室中兩個盒子裏放有幾顆非常珍貴的舍利子，這是六祖埋藏的，但是誰的舍利子至今還是個謎。

【「汝須速去，恐人害汝。」】五祖說：「你得趕快走，如果他們知道我把衣鉢傳給你，他們會殺害你。」其實這就是人心人性。

惠能問師父：「我往哪兒去啊？」【惠能啟日：「向甚處去？」祖云：「逢懷則止，遇會則藏。」】五祖說：「當你到了帶『懷』字的地方，你會停下來；但是最後得藏到帶『會』字的地方。」六祖惠能後來所在的獵人隊就在廣東四會附近，在那藏了十五年。到四會之前，在劉善人那裏躲了九個月，後來還是被惡人追殺，為了逃命，跑到四會躲藏了十五年。

【惠能三更領得衣鉢，云：「能本是南中人，素不知此山路，如何出得江口？」】惠能得到衣法，五祖讓他快走，他跟師父說：「我

不是這地方人，是嶺南人，不認識路，怎麼能走到江口呢？」

【五祖言：「汝不須憂，吾自送汝。」祖相送直至九江驛，祖令上船，五祖把艣自搖。】五祖說：「我會送你的。」一直將他送到了九江碼頭，然後上船，親自搖艣相送。

【惠能言：「請和尚坐，弟子合搖艣。」】惠能恭敬說：「怎麼能讓師父搖櫓，請師父坐下，應該我來搖。」

【祖云：「合是吾度汝。」】五祖接著說：「不要客氣了，這是我在度你啊。」這個叫「表象」，藉由一番對答，表達我再送你一程是在度你。

【惠能云：「迷時師度，悟了自度，度名雖一，用處不同。惠能生在邊方，語音不正，蒙師付法，今已得悟，只合自性自度。」】師徒倆的對答都是禪機。惠能說：「迷的時候，沒有明心見性的時候，需要師父來度。然而，師父領進門修行在個人。」迷人，就是凡夫。「迷時師度」就是說，還是迷人的時候，必須得有明師指點。好比在大霧中迷了路，眼前有無數條小路，不知道走上哪一條通向目標，不知哪是正路，這時得有走過的人，指點你走他手指的這一條路。

歷史上沒有任何一個人是自己悟出來的，都有師父。有時就在最關鍵的節點上師父提點一句，告訴你就是這條路，走上去就行。然後你就走上這條路，一直前行就行了。你得有個「信」，如果懷疑的話，

告訴你走這條路你也走不上去。還得先有「緣」，迷的時候要有緣能遇到明師，然後有「信」，再有「願」，要知道去哪兒，最後才是腳下的「行」。師父作用就是指點一下，對師父來講很簡單，因為他是過來人。如果自己沒修成，沒走過那條路，指點別人就是害人，對於過來人來講則很簡單。因此，五祖弘忍僅指點六祖惠能一個晚上，六祖就成了。

「悟了自度」就是說，你知道路以後還得自己走，不可能師父背著你走。拜師以後修得好不好，其實跟師父沒關係。有的人拜師求道，後面修不成就恨師父，說：「你不教我真東西，只教別人，到我這兒就藏著。」其實師父沒有那樣的，真的修得好不好，是自己的事。師父領進門，修行在個人，自己修不好，不要怨天、怨地、怨師父。現在的人，福薄業重，就會這樣。「度名雖一，用處不同」，都是度，一個是師度一個是自度，最後都必須自度，師父是引領、點化。

「惠能生在邊方」我出生在邊遠的嶺南，那時嶺南叫南蠻之地，都是流放的地方，他爸爸就是犯錯了，獲罪貶降至新州做百姓。那地方就相當於可可西里無人區、俄羅斯的西伯利亞，當時專門是流放之地。「語音不正，蒙師付法，今已得悟，只合自性自度。」普通話都說不好，說出的話都是地方的方言，像我一個這種來歷的人能夠承蒙師父把衣鉢、密法傳給我，現在已經悟到明心見性，須得開始自修、自度了，不能再麻煩師父。師父你也不能一直送我，送上船還幫我搖艣，該我自己來了。

第二節│大德預知時至　掌握生死解脫自在

【祖云：「如是，如是！以後佛法由汝大行。汝去三年，吾方逝世。」】五祖很高興：「是的是的，你說的對啊！以後佛法一定是由你大興於世，廣度有情，流布將來。」而且，真正大德、修行有道行的人，知道自己什麼時候離世。為什麼是三年離世呢？修行有大道行的人在世都是有因緣、有使命的，或為教化眾生，或助世人應劫，或尋有緣人傳遞法脈。當使命完成的時候，不會在世上多留一天，這些人忙得很，又得到別的地方忙著完成使命去了。因此，這些人被稱為乘願再來，目的性很強，完成使命，實現滿願後就走了。說還有三年，就是除將衣缽交給惠能外，還有其他的使命要完成，需要三年時間，他清楚到那時才會逝世。

六祖惠能也是「預知時至」，年初時叫弟子去新州建塔，說八月份他就要走了，就要離世。哪一月、哪一天、什麼時辰往生，他們都知道。有人費解：「老師，這怎麼能知道？」事實上，當你破了生死關以後，生死都掌控在你手中，當然可以自己安排。當你明心見性、識自本心，知道怎麼找到這顆心，明白它的規律是什麼，以及怎麼去調心的時候，不止這一世，而是生生世世的命運都掌握在自己手裏，一切都是你的心安排的。

識自本心、見自本性了，生死就在你的掌控中。不掌握生死，談

何解脫！生死觀是修行的大關。實際上，修行有幾大關要破，財富觀是第一大關，然後才是情愛觀、怨憎觀、生死觀。真的放不下！有的人財富永遠都是缺失的，當財富缺失時，其他都不要去想，更不要想什麼圓滿，修行一定得先從財富觀開始修。如果現實中財富極大缺失，缺衣少食，求財都求不來，說明你的修行方法一定有問題。

修行必備的前提條件，法、侶、財、地，缺一不可。有明師就有「法」，還得有同修即「侶」，同時得有「財」。現實中，有財才有自由，不用每天為了生存拼命工作，有自己的時間。學佛、學道、學儒，首先時間得是自由的，得能夠自己把控時間，不會為生存奔波。如果天天朝九晚五，甚至每天晚上加班，怎麼修行啊？要修出世間法，一定得先把世間法修好。世間法就從財富觀起修，修行必是得步步驗證，起修第一步驗證就是修財富觀。

有人說：「老師，修財富觀是不是貪呢？貪嗔癡慢疑，修行人怎麼能愛財呢？」要清楚，愛財和修財富觀是兩個概念，修財富觀是為了讓我解脫出來有時間修行，財富自由是所有自由的基礎。修行怎麼驗證呢？不可能直接從生死去驗證，肯定是先從世間驗證。財富是世間的資糧，在世間吃不飽穿不暖，每天都為生存拼命，就是餓鬼一個，沒法起修。

所以有「兩不修」，即兩種人修不了。一種是天人修不了，天天享福沒有任何煩惱，沒有煩惱就沒有起修處。但是，天人的福報一旦

盡了，就從天上落下來，開始有災、有難、有煩惱。還有一種就是地獄眾生修不了，天天煎熬、痛苦著，沒有一絲一毫的平靜。

人正好是在天人與地獄之間，福與痛苦參半，時而清淨時而迷，時而困惑時而明白，既有煩惱又有清淨，既有痛苦煎熬又有福報，就處在這種參半的狀態下。然而，有煩惱就有起修處，人就有嚮往圓滿的渴求，菩提心也就容易提起；有福報，有資糧，才有自在，才能起修。人如太極相對比較平衡，這種平衡狀態下，人修佛、修道是最好的。動物太癡、太愚、不開竅；修羅太好戰，很難安靜下來；餓鬼天天饑寒交迫，沒有修行的想法，所以我們要珍惜人身。

修行先破財富觀，財富自由，進而法侶財地皆自在，才可能安心修。然後再破情愛觀，有的人對情和愛愚癡，癡就是捨不得、放不下，放不下什麼就得修什麼！再者，還有怨憎觀，有的人情愛能放下，所有其他的也都能放下，就是怨和憎放不下，看到誰不順眼，馬上開始抱怨、憎恨、挖苦、貶低，這是個模式。癡於情愛就修情愛觀，執著於憎和恨，就修怨恨觀。有人問到底有多少關要過？其實修行有多少關因人而異，有的人就對女色放不下，修白骨觀。有的人就對金錢放不下，最愛的是錢，多少都不夠，為了財富不擇手段，那也是一種病，成了守財奴，金錢的奴隸，一生就為這一個目標，這樣無論有多少錢也不是破了財富觀的意思。財富觀是指不能缺失，而財富達到一定程度後就得周流，取之於社會用之於社會，使財富流動起來，循環無礙，

這才是我們要修的，正確的財富觀。

情愛觀也同樣，不是說破情愛觀，就修成無情無愛、六親不認，而是不要執著，深陷在情愛裏出不來。修行人應該正常的有家有室、有情有愛，但是不能過度，過了才需要起修。憎怨觀也是，不是說我們修行人一輩子看什麼人都不會恨一點，不能有一句怨言，也是不要過度。愛美好色也是，基本男女關係很正常，有的人過度了，天天滿腦子全是那些事，一天沒女人就活不了，這也是一種病態，這種情況下就得開始起修。

世俗當中這些關，一關一關修下去，心就一點一點平靜下來，就能感受到不離自性，然後就可以起修生死觀。前面各個關的修行過程，就是調心轉運的過程，因為所有的一切都是我的心發出去的，現實中有缺有漏，就改變心，讓它圓滿，即調整心轉變運。等到面對生死觀時，已經把調心的過程練得很純熟、很通達了，自然而然就知道生死的真相是什麼，也就知道怎麼調整心、破生死觀。生死觀破了以後，才是真正自在解脫的那一天。

此後，可以決定自己怎麼離世，比如選擇正常壽終正寢、羽化飛升或是尸解。破了生死觀以後就能做到羽化飛升，如果你在大家面前說後天中午十二點，我就要往生了，都來送我，然後在親朋好友面前，忽然間升起來，直奔太陽而去，直接羽化飛升，這太驚世駭俗了！有些不想讓大家恐懼、害怕的，就正常隨順眾生，得病而亡或壽終正寢，

不能火化，死了以後入殮埋起來，但是過幾天打開棺材一看裏面沒有人，這叫尸解。一樣是飛升走了，只是不讓你看見。

現在出現比較多的是虹化的方式，在眾人面前或者獨自，化出一道彩虹，身體不斷縮小，天上伴有雷聲、香味、音樂出現。有人疑問：「老師，這可能嗎？這不是迷信嗎？」這種情況在中土不多，但在藏區太多了。而且，六祖惠能就是虹化的。《六祖壇經》上記載，他往生前預知時至，告訴大家明天中午他就要走了，在房中把室門一關。第二天中午弟子們看到房間裏放大光明，發出白光。大家進去時看到六祖惠能已經往生了，但白光和香味三日不散。光從哪兒來的也不知道，一進房間裏面就有光，不是身體裏發出來的，晚上能把房間照得像白天一樣。那時候沒有現在的日光燈，但那光就像有太陽或日光燈一樣，三天之後才慢慢淡下來。六祖惠能這種情況就是虹化。

正常的虹化是身體隨著發光越來越小，到最後身體就沒有了，有的剩點指甲、頭髮，或者有的剩一小尊就一尺高左右，按比例縮小，然後會有轟轟的雷聲、或彩虹、或白光、或香味出來。這種情況歷史上很多，中土不多，其實是唐朝以後中土真正得真傳的人不多了，原因我們後面會講。藏區這種情況非常多，這是修行到一定境界的正常現象。

六祖惠能為什麼虹化之後身體還留著呢？一開始講過，他留下軀體是為了表法。那個時期，達摩從印度把佛法的心法精髓帶到中土，

但沒什麼人能接受，大家只接受苦行苦修，打坐、吃齋、念佛、禁欲等。而禪的心法是不講究任何形式，要想修行一切盡不妨，只要抓住本體，識自本心就能成佛。但這套禪宗心法大家接受不了，不苦行、不吃齋念佛、不禁欲，按普通人一樣過日子，怎麼可能成佛呢？為何禪宗心法從初祖達摩到二祖慧可，經過五祖弘忍，一直到六祖惠能才大興於世。因為很多人不接受，包括六祖惠能講經說法三十七年，很多人也在懷疑。不苦行只修心，摸不著看不見，不讓身體受苦，怎麼可能成佛呢？根本理解不了，不相信。六祖惠能為了讓大家相信，說我這一生講經說法如果有一個字不是佛的正理正法，那我死後就身體潰爛；如果我傳的字字都是正法，那身體不經任何處理，就會常駐人間，這叫表法。

和尚都要火化，但大家沒把六祖惠能的身體火化，就是因為六祖惠能當時留下了這句話。在他往生以後，弟子對他的身體沒做任何處理，只是刷了一層漆保護皮膚。一開始是在新州老家坐化，後面請到了嶺南曹溪，現在廣東韶關的南華寺。南方很潮濕，多蚊蟲，刷一層漆可以保護皮膚不被蚊蟲叮咬。身體裏面沒有經過任何處理，直接坐在那兒，現在已經一千三百多年了。南方如此潮濕，而在這種狀態下一千三百多年肉身不壞，這就是所謂的金剛不壞、常駐世間！

如果對我講的《六祖壇經》內容有質疑，就到韶關南華寺去看一下六祖惠能的真身。肉身還在，就意味著六祖講經說法，句句都是佛

法正道，為此留下肉體真身，其實六祖是虹化走的。所以當你真正破了生死觀，你的生命就是自由自在的。

我們現在對生死有巨大恐懼：好不容易生了，可千萬別死啊！怕死是因為死了以後不知道去哪，萬一進地獄多可怕，萬一要變成畜生，變成狗或豬就不如人了。不知道能去哪兒是你巨大的恐懼，所以你是迷人。迷人就是：現實中執行計畫不知道能不能成，找個老婆或老公不知道會不會幸福，生個孩子不知道是善緣還是孽緣；自己怎麼來的，怎麼死的都不知道，死了以後去哪兒也不知道；能不能有財富也不知道，真的得了財更操心，怕被搶或謀財害命！迷人什麼都看不透，今天不知道明天的事，今年不知道明年的事，每天被無數的人和事推著走，做不到為自己活，也不知道為誰活著。這就叫凡夫、迷人。

我們修行是為了清清醒醒的活著，明明白白的活著，能掌握自己的命運，能夠擺脫生死，能知道此生的命運，還能掌握後面生生世世的命運。歷史上最有智慧的人才走修行這條路。下根之人哪能考慮到修行，你講這些東西，他聽不懂而且不感興趣，「講什麼心啊，不如出去工作拉趟車，還能賺十塊錢，這才是實實在在的」。粗俗之人、下根之人，對佛法、對人生的真諦不感興趣。但有的人一聽立刻就感興趣，然後開始修習，勤而習之，這是上根之人的標誌和象徵。

第三節 ｜ 得道各通達世事　承使命不拘小節

　　大德之人預知時至，五祖告訴六祖逝世的時間後，說：【「汝今好去，努力向南，不宜速說，佛法難起。」】佛法在中土也碰到了劫難。那時是唐朝初期，佛法無法大興，唐朝以「道」立國，唐朝初期道法大興。李世民信道，幫他打天下的多是道士，後面的國師李淳風、袁天罡也都是道士。

　　佛法逐漸興起，道教逐漸沒落是從武則天時開始的。武則天想當皇帝，但是一個女人怎麼能當皇帝呢？她必須得到社會各界的支持，但那時道家的勢力非常強大。古時講君權神授，不是我自己想當皇帝，是我有這個使命，沒辦法不當，是神仙指定讓我代理人間的皇帝。君權神授，老百姓聽聞也能接受，武則天就想走這條路。

　　她先去尋求道教的支持，結果道教的人說不合正統，道法尤其講究陰陽乾坤，不能乾坤顛倒，鳳怎麼能在龍之上呢，一定是龍在鳳之上。男人是陽、女人是陰，陰不可在陽之上，女人當皇帝就是乾坤顛倒，她的想法遭到了道教所有道士們的堅決反對。武則天一看行不通，但也不想妥協放棄。這時佛教兩個高僧出現，佛教不論男女，為了迎合武則天專門寫了一部經。經書裏說在中土的一個國家，有佛祖派來的菩薩轉世成女身來當皇帝，之後國家佛法大興、豐衣足食、繁榮昌盛。佛家和尚在那個時候非常與時俱進，通達世事。那時現實中已經

擋不住武則天了，但道家守著所謂陰陽定律，說如果女人當了皇帝，將天下塗炭，李家的子孫都將被殺盡，後面果真是這樣。

但是也不能說武則天壞到什麼程度，她在位時還有一個中興盛世。而且因此機會，雖然一開始武則天崇道，後來則開始大力興佛，把自己當成菩薩。甚至規定，和尚和道士一起走路，必須和尚走在前，道士跟在後；如果都在化緣，必須先給和尚，和尚吃飽了道士再吃。她這樣一規定，修行的人都當和尚去了，所以唐朝後來佛法大興。武則天也曾請六祖惠能出山，那已經是六祖晚年時了。

而六祖初離黃梅之時正是佛法衰落，道法大興的時期。所以，五祖弘忍告訴惠能「佛法難起」，意思就是佛法將有劫難，指示他趕快向南走。難起具體意指佛法一大劫難，即是此時衣缽傳出去後，得衣缽的人命如懸絲，大家追殺六祖惠能，但不是六祖惠能一個人的事，此時他代表整個佛法傳承，如果惠能被殺、衣缽被搶，佛法劫難就過不去了。很有可能直到現在，中土再沒有佛法了，所以叫「難起」。六祖惠能保護自己，也就是在保護佛法正脈衣缽，衣缽被藏起來十五年，等待佛法劫難度過，他才能出來。

這些人都是真正明心見性的人，能看到事情的趨勢。五祖弘忍是得道之人，一定有預知能力，有難之時不會硬性對抗。劫難一來，不管你是不是高僧大德，如果不趕快躲開，都會被歷史的車輪直接輾壓過去，天下大運是抗不了的，只能識時務者為俊傑。真正修行有成的

人，其道行精深，不在硬抗的能力，絕對不是不怕死，跟千軍萬馬對著幹，如此的結果只有被碾壓。真正道行精深之人，必是與時俱進，隨順眾生，任何事提前看透，該避的時候避開得最快，該勇敢的時候比誰都勇敢，因為他知道後面要發生什麼。

如果六祖惠能不管，也不信五祖所說「佛法難起」，不躲避，下山就講經說法，那正是黑暗勢力強大、光明渺小之時，黑暗輕而易舉就可碾過光明，道行再深也沒用，無法與集體共業對抗。劫難是眾生的共業，任何高僧大德都得躲避，不躲就會被輾死，這種下場的必然不是真正的高僧大德。真正的高僧大德看到趨勢，就會提前躲避。試想一下，當已經看見洪水來時，那還躲得開、跑得了嗎？五祖弘忍和六祖惠能皆是得道者，也都是識時務者，隨順眾生，與時俱進。其實，不僅高僧大德，就是我們在現實中做事也是一樣，不要硬往上去硬抗。

當然，有時候也需要流血犧牲的英雄，比如「戊戌六君子」。譚嗣同最後有機會走，他也知道走就能活下來，但他說：「變法是我們幾個人提的，死了這麼多人，結果倡議者沒有一個流血的，怎麼對天下百姓交代，以後還有誰信任我們呢？」他是本著這個目的英勇就義的，抱著主動被抓、被殺的必死之信念，所以被抓之後也堅決不屈服、投降，而且主動慷慨赴死。

戊戌六君子亦屬修行人，為了變法拋頭顱灑熱血，而且是有意而為之，不是為自己，是為大義，無私為公，主動用一己之鮮血激起民

眾之覺醒，這就是大德。這是與六祖等高僧大德有所不同的做法，但不能所有人最後都這樣犧牲，還需要有做事之人。所以，真正的大德一定是識時務知時勢的。

【惠能辭違祖已，】辭是告辭，違是背叛，指背叛了五祖。這是何意，不是五祖讓他走的嗎？是的，但從古制古禮上講，師父教了徒弟後，徒弟要供養師父，這是師徒的正理正道。但是六祖惠能得法之後，直接就離開五祖跑了，雖然是五祖為了佛法留存根脈讓他跑的，形勢所迫他也不得不跑。但這也是違反了古制古禮，所以寫明「辭違祖已」，即是說「對不起師父，我應該供養、侍奉您，在您身邊照顧您的」。古人講究父母在不遠行，要留在父母身邊照顧、供養；古語言「一日為師，終生為父」，對師父也同樣是如此。所以六祖在這兒說自己告辭，同時相當於叛逃，離開五祖。當然，真正的大德不會拘於小節，尊重禮法的同時，不會被古禮、古法、古制所束縛，肯定是以佛法中興為首要己任。【發足南行，兩月中間，至大庾嶺】，下了船往南跑，兩個月時間到了大庾嶺，就是現在江西和廣東交界處的一片山嶺之中。

第十九章

誰人傳受　能者得之

提掇不動　我為法來

第一節│信乃功德之母　明師真傳皆是顯霆

五祖弘忍把六祖惠能送出了黃梅。之後【祖歸，數日不上堂。】就是給六祖惠能逃跑留出時間。

大家開始疑惑師父為何不上講堂了，【眾疑，詣問曰：「和尚少病少惱否？」】關心師父，「生病了嗎？還是有什麼事煩惱啊？」

五祖還是告訴弟子們，【曰：「病即無，衣法已南矣！」】說：「我沒有病，但衣鉢以及密法已經傳給別人，帶到南方去了。」

【問：「誰人傳受？」曰：「能者得之。」眾乃知焉。】誰得到了衣法是大家最關心的問題，而「能者得之」是雙關語，有能力的、能承載衣鉢、密法的人得到；同時能者也是指惠能，也就告訴大家是惠能得了衣鉢密法南去了。

【逐後數百人來，欲奪衣鉢。】衣鉢傳給了惠能，為什麼有數百人來奪，都什麼人？這些人都是五祖弘忍的弟子，他們為什麼要來奪衣鉢？從人性角度來講，他們都是五祖弘忍天天教導的人，跟著師父學習好幾十年，為了得法身家性命都不要，拋離父母出家就為求法。而且，傳衣鉢必會傳密修的法，衣法必是一體，人人都想得到密修的法，想要有所成就。結果師父把最珍貴的密法和衣鉢傳給惠能這樣一個獦獠，一個沒出家的俗家人，還不是正式弟子，一個魯蛇，字都不認識，普通話也不會說，而且跟師父僅僅一面之緣。大家都不知道師

父偷偷跟惠能說話、給惠能傳法的事，只知道來了一個打雜工的，讓師父趕到後面舂米去了。

拿到佛門至寶的衣缽，學到師父的密法，就是大成就者、大德，就是佛法、佛教的領袖。五祖的弟子是一批在世間最優秀的，想求學佛法的人，也認為一定是世間最高智慧者、最聰明的人，才能走上這條修行路。結果師父把衣缽傳給那個魯蛇、獦獠，以後都得聽他的，唯他馬首是瞻，這批人誰接受得了奉他為領袖啊！從他的出身、學識等方方面面，誰也接受不了，所以幾百人去搶衣缽，去殺惠能。

但是，他們真的就是不理解師父五祖弘忍。其實，可以說他們是不信師父，對五祖弘忍有質疑，認為師父肯定是老糊塗了，佛門至寶衣缽應該交給神秀。神秀成為領袖、大德來領導佛教，大家都能接受，怎麼可能傳給一個魯蛇！這麼認為就是對師父的不信任、質疑，他們還是用凡人的思維模式，揣測聖人的心思。連對師父最基本的「信」都做不到，也難怪這些弟子修不成。師父既然把衣缽傳給惠能，一定有他的道理，有他的高度，相信師父就好。如果相信師父的話，對師父做的一切都不會質疑，但這些弟子根本做不到，所以再跟五祖學一百年也沒有用！

雖然跟上了明師，「緣」有了，但是沒有「信」，「願」上更是不足，天天打坐修行、天天念佛念咒也沒有用。「信」字不足，不能做到百分百信師父，也就意味著對師父說的任何一句話可能在質疑。

師父的話，他認為對的，可能才認同接受；他認為不對的，可能就不接受，這樣天天跟著五祖弘忍學法也學不著東西。我們已經看到，五祖弘忍不斷的強調本體、自心、本性，但弟子們聽不見。他們只會聽見他們想聽的，比如苦行有什麼好處，打坐有什麼好處，念佛、吃齋、禁欲有什麼好處等等。根本做不到全然的放下自己，把師父所有的東西都接收、接納，這都做不到，那麼師父做任何事，都可能會質疑。

　　師父把衣缽和密法傳給惠能，他們竟然能去追殺惠能、搶衣缽。有人說：「這些和尚怎麼這麼暴力呢，不是他們的，怎麼還去搶呢？」他們就是這種凡人的思維，絕不能接受佛門至寶傳給一個不是佛門的人、一個魯蛇，他們瞧不起惠能，認為師父肯定老糊塗了！若說他們是惡人，他們也不承認，因為他們不是為自己搶，是為神秀搶，這些人都是神秀代師教授出來的弟子。他們感覺義無反顧，不是為自己，是為了整個佛門，不能讓一個獦獠成為領袖來領導，從他的出身到學識都不可以，佛門的臉丟不起。他們認為只有神秀才能承擔衣缽做領袖，這樣佛門才能光大。所以，這些弟子們就是凡夫。

　　首先，我們從中能看出他們對師父的質疑。在傳法這件大事上，師父的眼睛比他們亮多了、高度高多了。對師父一旦質疑，就不會僅僅是一件事，而是方方面面都在質疑，師父跟他說什麼話都要反復思考，要想是不是這麼回事。當有這種想法，即使有緣遇到明師，也不能全身心的把自己交給師父，還在算計。師父是法的代表，是向你傳

法的人。如果對傳法的人都質疑，那對他傳的法能不質疑嗎？歷史上所有真正有成就的人都是堅定的「信」，信乃功德之本，信乃功德之母。一個「信」字，就決定了你能不能入門、能不能入道。

師父有時會用各種方式，例如故意搞錯，做一些不合常理的事，來看你的心，看你是否質疑。其實很簡單，當你在質疑的情況下，明師就不可能把真東西教給你。是否質疑一眼就能看出來，一考驗就能顯現。師父做任何事、說任何話，都會跟著說：「師父，你這不對呀，有問題呀，不應該這樣啊！」自然而然的，質疑就迸出來了，想假裝都裝不了。哪位師父不是高人，不是明眼人，你在無意中，與你閒聊談幾句話，其實就是在測試、試探，你根本藏不住。如果不具備堅定的信，任何明師都不會把真東西直接教給你。真東西其實很簡單，但是你沒有足夠的信，明師不會教。其實教你也沒用，因為你在質疑，做不到全然的把自己交給法、交給師父，教了也學不會、接不到。

五祖弘忍一千多弟子最後沒有一個修成的，從神秀到其他所有弟子，其實都是一個問題。五祖弘忍跟神秀說的話，神秀聽嗎？不要說入心，連腦都沒入。神秀就在用他自己的思維，不斷的揣摩師父是怎麼想的，揣摩聖意不就是質疑嘛，做不到全身心的信。尤其禪是頓悟法門，特別講究的就是這個，不需要你有多麼聰明，反而需要放下你的聰明，因為聰明是你的障礙，腦袋轉得太多，問的東西太多，很難進入放下分別、放下比較的境界。總是在分別，總是不斷的在問為什

麼……每一個為什麼，都是一道障礙立在那裡！哪來那麼多的為什麼！

真正修法就是讓智慧迸發出來。智慧，一再講是在放下分別的狀態下出來的。平時我們就是這種狀態，自然而然，不去分別，不於境上生心，不於念上生念，事來則應，去過不留。這樣，大腦一片空白，平時腦中基本上沒有什麼事，也不去特意想什麼事，念頭來了就來了，不去制止也不去強化，有就有，沒有就沒有。這樣不斷的修，就會經常處於一種發楞的狀態，或者大腦相對空白，但不是故意楞，不是故意進入什麼境界，而是自然而然的就到了這種境界，然後內心的智慧、靈感就會「嘩」的一下出來。這是一種感覺，你必須得找到第一次這種靈感出現、或者智慧呈現時的感覺，必須得有一次切身感受才行。

絕大部分的修行人，一輩子都沒有一次真正的這種感覺。有人認為會在打坐入定時出現這種狀態。那就錯了！打坐時是有所求的，有所求的狀態下一定進入不了那種境界。你盤腿一坐，我問你為什麼打坐？你說：「老師，我要靜下來。」你為什麼要靜？「我得定，入定以後，才能有老師說的那種境界，才會智慧現前。定之後有慧，慧就是那種大智慧，一下就迸發出來了。」事實上，你打坐求靜求定，永遠都定不了，永遠都找不到那種智慧流露的感覺。智慧，是活活潑潑的，絕不是定在一點。你天天打坐求定，正因為你心有所求，執著於定的那個點，就永遠都定不下來。

有的人在打坐的時候，讓自己進入一種恍惚的狀態，出現各種象，

就覺著是真的。在此告誡大家，類似這樣的打坐冥想，千萬不要這樣去練，千萬不要讓自己處於恍惚的狀態。有人覺得：「我在恍惚的狀態下，意識就放下了。」其實錯了，並沒放下，這不叫放下意識，你是在追求一種恍惚，所謂放下意識的狀態。當你追求放下意識的狀態時，根本就放不下意識。

這個問題要好好理解，追求放下意識、恍惚狀態的理，是與現實隔絕。你認為與現實隔絕了，看不見、聽不見外面，進入了自己的內心，恍恍惚惚好像睡著一樣，就是定下來了。後面還會看到一些場景，跟著看到的象練啊、修啊，一下看見觀音、看見鬼、看見佛菩薩，看見山河大地、日月星辰，好像已經修有所成。千萬不要！當你堅定的這樣練下去時，就會失去現實感。

天天在求「放下」，但你所謂的「放下」，與禪所講的「放下」不是一個概念。你所謂的「放下」，是放下現實、與現實隔絕，然後進入精神領域、一種夢境當中。你認為失去現實，打坐的感覺身體都沒有了，外面的一切全都消失，就進入一種所謂的定靜狀態。千萬不要這樣做，太危險了！這種做法，隔絕現實、進入精神領域，最後就會失去現實感，會在某一次打坐之後，睜開眼睛看到的已經不是現實，就從你的內心世界、精神領域中出不來了。就像做夢一樣，我們睡覺做夢就是失去現實感，有的時候一睜開眼睛認為已經回到現實，但是其實並沒有醒，還在夢中。你認為醒了，該上學就上學，該上班就上

班，一天天過去，其實你還在夢中，這就叫夢魘。夢魘的狀態就是我認為我醒了，但其實身體還在床上躺著。後面真醒過來時會嚇一跳，覺得我好像已經醒了啊，都去上學去工作了，還跟好朋友看電影、約會呢，怎麼原來還是夢啊！

精神病、瘋子就是這麼回事。精神病就是脫離了現實感，精神病院裏面至少三分之一都是修行人，都是好好的人，用自己認為對的方式盲修瞎練，結果失去了現實感。天天尋求那種恍惚的入定狀態，結果進入精神領域、夢境當中回不來了。這並不是嚇唬大家！未遇明師，千萬不可以盲修瞎練。不要看著高僧大德寫的書上告訴我們要冥想、要戒定慧、要入定，在定中恍恍惚惚著身體就消失了，外面整個世界都不存在了，在定境中一瞬開眼三天就過去了，感覺氣血通暢。如果真拿著書本上，按所謂的高僧大德寫的那樣去修，就準備進精神病院吧。到精神病院看一看，多少人都是修行修偏了，也就是「走火入魔」。

要講定住不動，你跟精神病根本沒法比，有的瘋子往那兒一坐，三天、甚至一個月都不動，你能做到嗎？病人就是這麼進入精神病院的，很多有特異功能的人都在精神病院。精神病院的護士醫生見到過太多這種人，一開病房門看見一個精神病站在牆上，但是護士可不認為這種人是神通、特異功能，直接說：「這個精神病，給我下來！」護士不會去想他怎麼上去的，因為這就是個精神病。

一定要注意！打坐不是這麼簡單，千萬注意絕對不可以脫離現實，絕對不可以進入那種恍惚狀態，或者追求進入恍惚狀態，一定隨時保持你的清醒。就算一個簡單的打坐，如果沒有明師指點，你都有可能修瘋，「走火入魔」。古人一再告訴我們，千萬不要在沒有師父的狀態下，自己盲修瞎練。打坐看似簡單，實際上可不是那麼簡單。

　　剛打坐時開始冥想，在冥想之上進入恍惚狀態後，就會得到一些清安的感覺，疾病也都減輕了，心情也感覺舒暢了，然而這種感覺僅是一段時間。

　　開始打坐，可能感受到身體發熱，進而脹、痠、麻，然後痛，這是第一階段，感覺是痛。這個階段還可能出現各種徵兆，以及所謂的氣血運行，大小周天「嗡嗡」轉的感覺。過一段時間，第一階段過去以後，痛勁兒過去就是清安，各方面好像都特別舒服，疾病好像都好了，此時會覺得這樣打坐真好。而舒服也就是一段時間，各種強烈的體感感受逐漸淡下來之後，就是「一點消息沒有」，再坐就會感覺特別沒意思，也沒有舒服清安的感覺，也不痛了，非常無聊，這個狀態可能會延續很長時間。絕大多數的人三分鐘熱度、興奮勁兒過了，在這種無聊的狀態下就撤了。

　　告訴大家，在這個階段撤了的人是萬幸，有的人特別堅持，一再堅持，這個階段一旦過去，進入再下一個階段就會出現幻覺。你打坐的時候好像就進入某種場景，進去之後碰到各種人、神仙、鬼怪，這

就是幻境出現。這個時候已經非常非常危險，如果此時沒有明師指點，就容易失去現實感。如果被相所迷，後面就會走火入魔。

修行是有階段性的，每一個階段都必須得有明師指點。你堅定的按照書本上修就是盲修瞎練，是沒有好結果的。自古以來好多過來人都在提醒。但是，就像五祖弘忍的其他弟子一樣，師父再怎麼提醒都聽不見。因為他們只要自己想要的東西，聽自己想聽的東西。有很多人看了我這段話後會質疑，甚至謾罵。當然，也是因為沒有建立信任，質疑很正常。

在此我不是要教大家什麼，也不是要給大家講授禪和密，我只是在尋找有緣人。這套東西一定要傳出去，首先得有管道或途徑，口耳相傳，一個傳一個太慢！現在都什麼時代了，藉由書籍或網路視頻的方式傳播，就是在尋找有緣人。正在看書、看視頻的，不一定都是有緣人，與我或者這個法有緣的人並不多，而我就是要尋找這幾個有緣人，把這個法傳出去。有的人一聽就信，一看我的面相，一讀我的書，立刻就明白「這就是我要找的」，莫名其妙，沒有為什麼。有的人一看可能會認為這是魔呀，那就不是有緣人，那就遠離。

真東西出現時，往往就會被質疑，甚至大多數人都會謾罵。因為絕大多數都是所謂下根之人，聽到佛法真理的時候，就會哈哈大笑，「不笑不足以為道」。但一聽到那些假的，說怎麼打坐、怎麼念佛、怎麼放生，都有什麼什麼功德，就會說：「這是大德啊！一定要跟著

好好學。」

這一段我們在講「信」，如果沒有信作前提，明師告訴你真東西，你真的會質疑，因為太顛覆了。幾乎所有明師告訴你、讓你修煉的，和世人所說的，以及你自己認為對的相比較，基本都是相反的。包括怎麼打坐、怎麼念佛，市面上是讓你進入恍惚狀態，所謂入靜入定是讓你失去現實感，而如果我要教打坐，絕不會讓你進入恍惚狀態，必須隨時保持清醒。有人就質疑了：「保持清醒怎麼打坐呀？那為什麼還打坐啊？」這也正是後面要教你的東西，僅僅保持清醒也不行，不能枯坐著。「那還打坐幹什麼，就在沙發上一躺，清醒著。」不是這樣的，這裏面學問很多，必須得有人指導你，在清醒的狀態下，什麼叫定、什麼叫慧、怎麼修本體。這裏是有技巧、有方法的，這就是密修的部分。如果你對師父沒有堅定的信心，師父在教你的時候，你就很難全然接受，就會分析判別，只留下你認為對的東西，這樣根本修不成。

所以從這一句話就能看出來，這些弟子對五祖弘忍是沒有信心的，不僅沒有信心，同時沒有信任。如果對師父有信心，就會想師父雖然歲數大了，也肯定不會糊塗，師父是得道聖人，他做的事，我還是凡人狀態能不能理解，我能否達到師父高度？對師父有信心，同時又信任，就能理解，師父既然把衣缽交給惠能，惠能一定是應該得衣缽的人，我就好好扶持他光大佛門。這才是真正的信。

幾百個人來追惠能，其中【一僧俗姓陳，名惠明，先是四品將軍，性行粗燥，極意參尋，為眾人先，趁及惠能。】一個急性子，特別的想把衣缽拿到，將軍行伍出身，天天鍛煉，跑得最快。惠能雖然提前走了多少天，還是被這個將軍給追上了。在一條山路上，惠能一看，追上來了怎麼辦？不就是為搶衣缽來的嗎？那就把衣缽給他，先得保命啊！不要撕搶、爭奪，打不過他，萬一被這將軍殺了，何必呢！

【惠能擲下衣缽於石上，云：「此衣表信，可力爭耶？」即隱草莽中。】你要就給你，這是表信的東西，衣缽豈是能用武力奪走的，自己就藏起來了！聖人碰到這種危急的情況，馬上就做出決策，沒那麼多顧慮，衣缽和命之間，當機立斷選擇保命，把衣缽放到石頭上。換成我們凡人思維就會想，衣缽是佛門至寶多麼重要，是師父親傳給自己的，寧可命不要，也得保住衣缽不能讓別人搶走。但是你仔細想一想，命沒了，傳法的人沒了，衣缽留著有什麼用呢？凡人會糾結留衣缽還是留命，但是六祖惠能一點也不糾結，馬上就把衣缽放到石頭上，你想拿就來拿吧，法還在我這兒，衣缽只是表信，只是個信任狀，只能增加一點別人對我的信心或信任。我把命保住，沒有衣缽我有法也一樣，所以就把衣缽往石頭上一放，讓想搶的人來拿。

【惠明至，提掇不動】，四品將軍得多大力量啊，竟然提不動！

大家想這不就是神蹟嗎！《六祖壇經》裏面有六大神蹟，這是其中之一。神蹟還包括，五祖弘忍對惠能說的「遇懷則止，遇會則藏」。但是告訴大家，其實禪宗不講這些神通、神蹟，這不究竟，怕大家被誤導，所以禪宗其實挺反對這些有形神蹟的。六大神蹟在法海本有，包括後面六祖惠能躲藏在山中，隱到石頭裏，沒被大火燒死，說惠能有大神通。但是這六大神蹟在敦煌版的《六祖壇經》裏沒有，是法海本流通版裏添加的，大家不要把重點放在神蹟上。

其實惠明並不是為了衣鉢而來的，他追惠能確實是想求法。但在此加上神蹟的描寫，表現惠明像是為衣鉢而來。如果不為衣鉢，他不應該去提，現在提不動了才說，【「我為法來，不為衣來。」】豈不是退而求其次的說法嗎？但其實並不是這麼回事，敦煌本中沒有這段神蹟描寫。

有人說：「老師，這麼說，我們修禪就沒有神通嗎？」不是的，六祖惠能就有大神通，修禪是最容易出神通的，但神通不是為了顯化於外，吸引大家，有神通而不有意現神通。在禪宗，修禪的人要特別注意，即使演化神通，也是在不知不覺中，不經意間無人發現時演化，那才是大神通。禪宗絕不會把神通顯化於外，不可以用神通吸引弟子、吸引信徒，那對修禪危害很大。但密宗就是以顯神通來吸引信徒，密宗的修行亦有其完整的方法體系，而禪宗的體系是不講究神通的。有人說：「六祖惠能既然不應該顯神通，為什麼南華寺還有他的肉身不

壞，這是顯了一個最大的神通啊？」前面說過，那也是為表信，讓大家信禪宗心法，才不得不把這個方便法顯露出來。

其實真正修禪，修出神通是最快的，且是不求自得，這就叫自心常生智慧。智慧就是神通，智慧一出現就是大神通。有神通但是我又不在意，不把它當成神通，那只是我清淨本性顯露出來的光。我經常不離自性的修，當我清淨本性慢慢顯露出來的時候，就了了分明，所有大神通都出來了。這種神通叫做無漏神通，才是佛的神通。佛的神通不會經常向你展現，那些抖藥片、抓蛇的表演，禪宗佛法是絕不允許的。

禪宗的神通怎麼表現呢？當一個人特別的抑鬱，抑鬱得都想自殺了，找到禪宗大德，說自己很痛苦，大德不會表現神通，不會說：「我來療癒你。我念句咒你就好了，唵嘛呢叭咪吽，你已經好了啊！」真正的大德會說：「來了啊，現在感覺很痛苦是吧，來，坐一坐，我們先喝杯茶、聊聊天。」然後就在喝茶聊天的過程中，將來人療癒了。來的時候是哭得不行、想自殺的狀態；離開時，歡欣雀躍的走了，「我為什麼來的呢？」前面痛苦想自殺的那段都忘了，甚至也不覺得是這個大德療癒的。其實大德在無形中，在喝茶聊天之中，就已經療癒了。這才是大神通啊！

真正修禪有道的人，一定是化神通於無形之中，不會展現出來，不會伸手把杯子捏成鐵團，那不是佛而是魔。「你們看我厲害吧！都

信我，拜我吧！」讓自己成為教主，大家有事都去找教主，這樣就是毀人慧命。當然，大家什麼都求你，把好東西都給你，你成了教主，大家有什麼病痛，到你這兒都輕鬆化解了，大家全都拜你。你把所有的人引導向你拜求，就是引導他們向外求，也就是把別人向內心尋找自己，開悟自己的本性的這條路封閉，就隔絕了人家的慧命。釋迦牟尼佛在世時，不允許大家拜佛，不允許弟子們給他塑像，就怕弟子把拜他當成一種信仰，因崇拜佛祖而崇拜佛像，然後忘記尋找自己、找回自我。

所有的佛法都是引導每個有緣眾生尋回自我，而不是向外求。即使是密宗體系，先引導人向外求，求本尊、求佛菩薩加持，那也是階段性的；到後面，當你有力量、有自信，本尊法修得很到位了，在最高境界大圓滿法時，一定會告訴你：其實你修的本尊就是你，外面的一切都是假的，都是你自己的心投射出去的。其實藏密的大圓滿法，藏密最高的法，就是頓教法門，與禪一字不差。包括淨土宗，天天念阿彌陀佛，只要修得對，真正到高境界時同樣就是這個法。唯識宗修到最高境界的時候，也是這個法，就是最上乘的法「摩訶般若波羅蜜」。但是針對上上根直接傳頓教法門，中下根則需走漸修法門。

最高、最上乘的法門，又稱見性法。但是有前提的，不是所有人都可以度，只能針對小眾高端上上根。一學一修就悟的就是上上根；怎麼學、怎麼修，就是悟不了，感覺是空的，沒有抓手、沒有把握，

摸不到抓不著，一談到「心」就感覺虛空的，就是中下根，那就應該去修其他法門，走漸修法之路。這並不是我說的，《六祖壇經》後面都會寫到。

每個人都覺得自己是上上根，但末法時期基本沒有上上根。講頓教法門是為尋找萬中之一的上上根。上上根是什麼狀態呢？就是理一下就通透，之後立刻一通百通，聽到「應無所住而生其心」，立刻就明白，「菩提自性本來清淨，但用此心直了成佛」，一句話足以開悟。但你還不知道方向在哪兒，不知道怎麼修，煩惱一來還會迷進去，那你就不是上上根，並沒開悟。如果不承認，還總覺得自己是上上根，其他的漸修法又不屑去修，頓教法門又修不成，就會高不成低不就！

我知道自己不是上上根，一點一點的修漸修法門，知道總有一天我會破迷開悟，那也就成了。世人都有一條路可走，而不能本不是上上根，卻天天修上上根的法門，如此高不成低不就。福薄業重，障礙很重，各種知見都放不下，就有必要把密加進來，一點一點慢慢漸修，所以禪和密本不分家。六祖惠能這樣的上上根，不需要密，禪就可以直接悟，悟是悟，其實還得有密，為什麼？太極裏講這是白，那是黑。不是說一下悟到一個理，就徹底大徹大悟了，力量也有了，調心轉運的方法也有了，所有密修的方法都有了，那不可能！

那麼，既然上上根也得修密，那和中下根修密有什麼區別呢？區別在於，真正的上上根一下就開悟了，然後再修密，是先悟後密。密

是力量，是調心的手段和方法，即是密修部分。所以開悟以後也得有師父教你手段，開悟只是明理，一下子本性清淨、智慧流露了。真正密修的手段，宇宙自然的規律、真相真諦，還是得有師父教，這就稱為先悟後密。此種上根修行之路提升很快，所學理法皆直接可用。

對中下根來講，則需先密後悟。密不僅僅是密宗現行的修行方法，淨土宗等也屬於密。先密，即藉由這些漸修的方法，打破自己的迷障。先密是破迷，而後開悟，開悟以後再學密就不一樣了，這兩種密是不同的。所以，現在絕大多數人，甚至所有人，都得從密起修、漸修，不斷打破迷障，突然一下真悟了，明心見性了，才是入門。入門了再修宇宙的真相，再修宇宙發展的規律，然後再用密，修密傳的法。否則，沒開悟，沒有明心見性，密傳的東西，基本上無法運用。

這些內容，有的弟子一看到感覺灰心喪氣，本來覺得自己能立刻開悟，是上上根的，這麼一說感覺被潑了一盆涼水。但這是真相，師父不能一味的誇獎鼓勵大家說，「你已經成了……」，這是騙人。之後總有一天會感覺到，師父說我成了都已經好幾年，我怎麼覺得還沒成呢？到底成了沒有？如此反而就質疑了。

末法時期，每個人的所知障都非常重，哪兒能找到上上根啊？我自己都不是上上根。我師父教我的時候，我也是糊裏糊塗的，後來師父一看不行，根性不夠，又開始讓我從密法漸修，也是經過多少年，不斷在現實中去驗證，不斷的修、不斷的驗證；對師父講的理反復不

斷的悟，一點一點悟；現實中碰到煩惱、碰到磨難，用密法去應對。那我修的密法是什麼呢？我們修的是大悲咒。

我師父一開始跟我講「應無所住而生其心」，我都是懵的。《金剛經》念多少遍，沒有一句有感應。師父一聲長嘆：「唉！咱們先修大悲咒。」然後從大悲咒起修，我就是修大悲咒修成的。在現實中碰到煩惱、碰到磨難，從大悲咒開始一點一點起修，一點一點的悟……有一年在聖山，青藏高原的崗仁波齊，我在轉山的時候，「轟」的一下開悟了。從我見到師父到真正在聖山開悟，那都已經過了好多年。

「悟」是什麼感覺？發現師父從一開始給我念《金剛經》，早已經把理都通透的告訴我了，我怎麼就是不明白呢！真正的悟，是一下整個大體系出現，而以前都是碎片。時機到時，一下就形成整體，宇宙自然的規律、真相、人的真相，那是一個完整的大體系，一下就通透。師父講經說法的那些內容，一下就都回來了，形成一個完整體系。那是經過多少年不斷的磨練，才能有這麼一天，在定境當中，在聖山一剎那間感應到大黑天。那個時候才真正知道什麼叫定，什麼是定境，什麼叫智慧大開。大黑天一來，授記、灌頂，摧毀三城之眼是授記，從那兒開始我面相上額頭的眼睛就長出來了，這是有授記的。

有人驚嘆：「老師，那你是不是成佛了！」放下吧，那叫開悟，明心見性，見到本尊了。我是起修大悲咒，大悲咒不斷的加持，不斷的修、不斷的練，後面在定境時才能感受到大黑天。大黑天是千手觀

音的化現，大悲咒就是千手觀音本尊的心咒。千手觀音化現忿怒相，一個是大威怒王聖馬頭尊，另一個是大黑天瑪哈嘎拉。大黑天是戰神、是財神、是超度之神大冥主。那時在岡仁波齊開悟，大黑天來灌頂、授記，現實中必有顯化，我額頭的天眼印記就是顯化，這就是大黑天的第三隻眼。

但那並不是成佛，只是入門，真正明心見性，真正所謂開悟，不是用語言能形容得出來的，也不是冒出一首偈子，那時何止一首偈子，當進入那種狀態的時候，就能體會到什麼叫「菩提自性本來清淨，但用此心直了成佛」，一下就通透了，用言語是無法描述的。不是恍恍惚惚的定境，是非常清醒的。大黑天一來，眼睜睜看著整個灌頂授記過程，好像每一個細胞都在變化。那種震動、那種波、那種頻率，真的是脫胎換骨、重獲新生，整個宇宙就在你心中通透了。那時感覺，所有曾經看過的經典，一下就明白是什麼意思，從此以後任何經典一拿來，立馬直接就可以講。為什麼？在心中一下開了，就成體系了。但是告訴各位，這是入門，從那兒開始後的起修，才是真正的起修。

在那之前不知道為什麼在修，怎麼修都不知道，都是一片迷茫，是迷著在修。悟了以後才是睜著眼睛在修，才是清醒的修，這就是一個過程。在修行路上，我們追求的目標、確定的方向以及願望，必須有緣、有信、有願，然後才是行。三十多年來我一步一步走過來，是過來人。但要說成佛成聖，差得太遠了，還要一步步修。六祖惠能在

五祖弘忍這兒，一句「應無所住而生其心」，一下悟了，那個時候才是他的起修處，然後在四會附近的獵人隊裏修了十五年。其實他不是完全都在獵人隊裏十五年，他的經歷豐富多彩，歷盡人間滄桑、各種的煩惱及磨難，修了十五年才出來，在廣州大梵寺開始講經說法，其實他一輩子都在修。

孔子什麼時候開始起修的？孔子也有一悟，等我們講孔子、講儒學的時候就會講到，「五經」中記載孔子是在五十五歲左右一下徹悟的，然後才真正開始起修。也是修了十五年，修到七十歲的時候，才到了「隨心所欲不逾矩」的境界，那是聖人的境界。孔子從五十五歲到七十歲，修了十五年，六祖惠能也是修了十五年，修到了聖人的境界。但是他們都是什麼根性，還要修十五年，那我們得修多少年呢？

在此，我把修行的過程和階段跟大家講一下，因為現在有太多的誤區，太多的誤解了。好多人都覺得一下開悟了，就成佛到終點，不用再修了。這種感覺是錯的！那只是起修處。沒開悟差得更遠，門都沒摸著。所以如果頓悟不行，就在明師的指引下努力的漸修，會有那一天，突然一下虛空粉碎，大地沉平，原來世界真的是假相，智慧一下就迸發出來。現在只是在你的腦中認這個理：世界是假的。但是你的腦認這個理，你心裏認嗎？其實根本就不會認的。你還是覺得我看見人就是真的，看見所有的山河大地、日月星辰都是真的，每做一件事都是真的，破不了！當你真的一下感受到什麼叫虛空粉碎的時候，

你才知道原來真的是這麼回事，那個時候你才入門。

第三節│行魔法高坐廟堂是魔子　傳正法白衣百姓承正脈

　　惠明提不動，其實惠明也是根性不錯的人，他一提不動馬上就意識到有問題了，內心馬上開始反轉變化，這時他才真正為法，之前絕對是為奪衣缽來的。提不動的時候才發現，不對！我是不是有問題？我應該求法而不是求衣啊，即使把衣缽拿到了，又能學會掌握什麼呢？只有衣缽，而沒有法是不對的，我應該來求法才對。他馬上就開始喊「行者」，只能叫行者，不能叫師，也不能叫上座、上人之類的，因為惠明是出家人，惠能雖然得衣缽、密法，但還不是出家人，所以只能叫他行者。何謂行者？正走在修行之路上的人，對於惠能這也是一語雙關：一個走在修行的路上的人，同時也是正在跑路的人。

　　【乃喚云：「行者！行者！我為法來，不為衣來。」】我是來求法的，不是來搶衣缽的。其實我們現在想一想，根本就說不過去。惠明不是從黃梅追出來的嗎？他如果真要求法的話，誰掌握著法呀？是五祖弘忍，他就在黃梅寺裡。那為什麼大老遠的追了兩個多月，找到六祖惠能，追上後說：「我來求法。」其實還是為了求衣缽而來。但是現在這一刻他變了，真的是為求法了，這也是個機緣。

　　【惠能遂出，坐磐石上。惠明作禮云，】惠能出來以後就坐在石

頭上。惠明行禮，這可不容易，那個時候的出家人和現在可不一樣。我們現在看出家人就當成普通人，甚至都沒有好眼色。覺得出家人是個工作性質，不是什麼修行人，就是和尚，他有他的工作，我有我的工作，不同的生存之道而已。古代可不一樣，古代出家人就是修行人，捨棄身家性命，修行求正法，修成了以後通天徹地，現實中一定是最高智慧者才能去做這個事。

現在的和尚也不爭氣，不守清規戒律，真正的和尚是不可以碰錢的。現在的和尚眼睛就盯著錢，不讓人有尊重感了，而且自己也不修法了。當然，他們想修法也找不到法脈，也沒有傳承，所以現在是末法時期。有人說：「老師，法脈傳承不都應該在廟裏，在道觀嗎？」其實並不是。末法時期，正法法脈就不是在寺廟、道觀裏傳承。

當時，釋迦牟尼佛祖歷經磨難，誓要成佛，有個大魔叫波旬，一直擾亂他，不讓他成佛。你不是打坐想入定嗎？波旬就擾亂你的身心，不讓你入定，化出雷聲劈你，變成老虎嚇你。這些佛祖都不怕，看見老虎衝過來，佛祖「一切相皆是虛妄」，都是幻相！老虎衝過來也吃不著他，又變成美女，脫光衣服撫摸你，佛祖「白骨觀」，根本不當回事。又化成毒蛇「嘶嘶」的過來，而幻相佛祖都能看透。

波旬實在沒辦法，恨得不行，跟佛祖說：「看來你是必須成佛，現在我阻擋不了你。但我告訴你，以後我對你的徒子徒孫們下手。」佛祖說：「我有正宗法脈傳承，你怎能下手？」波旬就跟佛祖講：「現

在是你的正法當運的時候，我破不了你。等到你的末法時期，我的魔子魔孫披上袈裟，高坐廟堂，口吐善言，傳我的魔法，把你的徒子徒孫全都變成我的魔子魔孫。」而廟堂就是現在的寺廟、道觀。有人聽不明白：「老師，口吐善言怎麼能把人引向魔道呢？」到後面就會講，怎麼口吐善言把人引向魔道。口不吐善言，不可能把人引向魔道。

聽到波旬此話，佛祖掉了兩滴眼淚，因為佛祖突然看到末法時期佛法的敗落，佛法法脈的凋零。但是緊接著又看到一個場景，馬上就跟波旬說：「我告訴你，波旬魔王，等到末法時期，我真正的弟子將脫掉袈裟，遠離廟堂，走向人間，傳我的正法正脈。看看是廟堂裏的人多還是人間人多，我的正法將普傳大眾，在眾生中廣布傳流！你的那些魔子魔孫，就讓他們高坐廟堂吧。」波旬一聽哭了……

現在，就是末法時期，我們不用忌諱。現在的寺廟到底是什麼樣？烏煙瘴氣，不正應了波旬魔王所說嗎？一個個和尚吃得肥頭大耳，那是吃素的嗎？如此講經說法能講出什麼！天天只知道做法事收錢，叫人布施功德。你看哪個廟掙了錢、收到大眾的捐款以後，去蓋一所學校？去為社會盡一份力？現在的和尚都不如普通的窮苦百姓！很多百姓省吃儉用積攢一些財產，還會去救助孤兒、救助動物，再有點錢就會捐助、捐建學校。有幾個寺廟的和尚會去做這種善事？都是別人給他做善事、給他捐款。有沒有寺廟把收來的捐款又捐給勞苦大眾，取之於社會還之於社會的？有幾個！所以現在這些佛教寺廟，的確就該

被鞭責！

西方歷史上，基督教也經歷過這個階段，中世紀在歐洲，百分之八十的財富都是基督教教會的教產。後來就引發了新宗教運動，之後宗教改革，宗教和世俗接軌，教會擁有巨大財富，但是同時建幼兒園、建學校。現在到西方，或者到香港看看，幾乎都是教會學校，都是教會幼兒園，讓老百姓免費上學。可是，現在的寺廟有幾個會這麼做？魔子魔孫都已高坐廟堂！

現在要說佛法傳承的正法正脈，在廟裏別想找，不可能有。不信你到廟裏生活幾年，看能不能學到正法？除了早課晚課，敲敲鐘，唱唱經，真是當一天和尚撞一天鐘。天天享受的很，也不用工作，那麼多善男信女侍奉著。佛、廟現在這種狀態，難道不是末法時期，魔子魔孫占據高高的廟堂嗎？天天教人行善、積德、放生。怎麼積功德啊？要捨，往哪兒捨呀？功德箱在這兒。你有難必須我給你做場法事，一場法事六萬八，要請大和尚的大型法事三十萬。現在是不是都是這樣，還有什麼正法啊？有幾個和尚還在修行？就是要鞭撻現在的這種狀態。

真正有點正法、有點傳承的，真的就在民間。所以我現在也真的理解，當初我在峨眉山報國寺遇到我師父，學了兩年後，我很想出家，也想身披袈裟傳佛的正法，但我師父當時絕不允許我出家。當時我還跟他鬧了一段，依然絕不允許我出家，告訴我以後傳佛法正法，一定是以百姓身分，既不是佛，不能身披袈裟，也不可用道的身分，一定

是非佛非道，用白衣百姓的身分傳法。我那時就是不理解，好多年都不理解，但是現在我理解了，高居廟堂傳不了正法。所以走入民間，遠離廟堂，在民間一點一點傳，廣開教化之門，傳佛的正法。

這一段會有人不接受，歡迎大家質疑，但我就是要尋找有緣人，要講真話，沒有顧忌，也無須顧忌。

第二十章

屏息諸緣勿生一念

不思善不思惡

　　惠能聽惠明喊「我為法來，不為衣來」，就出來坐在磐石上。發現拿不動衣缽，惠明對惠能也另眼相看。為什麼？這個時候可能被他的神通鎮住了，惠明就向惠能行禮求法。【惠明作禮云：「望行者為我說法。」惠能云：「汝既為法而來，可屏息諸緣，勿生一念，吾為汝說。」】惠能說：「你既然是要來求法的，我告訴你怎麼做，摒住你的呼吸。」這兒不是指不呼吸，「屏息諸緣」中，息即呼吸，代表心動，心越動呼吸越急促。就是說你把心放下、平靜下來，那麼你的呼吸也就平和。「屏息諸緣」，一是呼吸，一是諸緣，屏則是屏蔽，意思是腦子裏什麼都別想。「勿生一念，吾為汝說」，腦袋裏面空白了，我為你說法。

　　【明良久】，惠明屏息諸緣一坐就好像入定一樣，腦子裏面什麼都不想。「良久」是多長時間呢？時間可不短，這一坐得半個小時，說不定快一個小時。剛說了「我為你說法」，結果也沒說話，就讓惠明屏息諸緣，什麼都別想，就在那兒坐了「良久」。這叫怎麼說法啊？良久之後，惠能突然一下，【「不思善，不思惡，正與麼時，那個是明上座本來面目？」】其實，講經說法就是這麼講的。本來惠明那麼長時間不說話，肯定心裏面特別迷惑，是怎麼回事兒啊，為什麼不說話呢？等著聽法 ……良久之後，突然一下，「不思善，不思惡，正與麼時……」！

因為惠能是嶺南人，口音就不是普通話，「正與麼時」應該是口語，意思是「這時」。「不思善，不思惡，正與麼時，那個是明上座本來面目？」，意思是好也不想，壞也不想，這個時候，告訴我現在你是什麼狀態？「明上座」，惠能得稱惠明為上座，是尊稱。因為惠能是布衣，是普通百姓，而這個惠明不但之前是四品將軍，而且後來出家為僧，對僧人得稱呼上座、上人，這是對出家人的一種尊稱。雖然說惠明正在向惠能求法，但是身分不同，惠能也得尊重惠明。

　　【惠明言下大悟。】何為言下大悟呢，他悟出了什麼呢？其實什麼也沒悟出來，要真悟出來下面就不會再問了。說是言下大悟，馬上就又開始問，【復問云：「上來密語密意外，還更有密意否？」】「上來」就是師父，師父傳的難道就只有「良久不說話，然後突然來一句不思善不思惡，這個時候明上座什麼狀態？除了這個，還有沒有別的密意？」這說明惠明根本就沒明白，還是沒悟。其實六祖惠能已經傳給他法了，心已經傳，但是惠明沒接收到。傳的是什麼呢？

　　其實「不思善不思惡」這六個字貫穿整部《六祖壇經》，從開頭就說這六個字，一直到結尾還是這六個字。要入禪宗、修禪就這六個字，這就是禪宗的修行方式。而且要清楚，這六個字也是佛法精髓所在，禪和《六祖壇經》都是在講「不思善不思惡，這個時候你是什麼狀態」。其實，六祖惠能在這兒把這個真諦又傳了一遍，能不能悟在你自己，能悟就悟了，悟不了還是悟不了。跟「菩提自性本來清淨，

但用此心直了成佛」是一樣的，只是用另一種方式來表達，從另一個角度來表達。

什麼叫不思善不思惡呢？不思惡我們能理解，是別向著惡去，但是為什麼麼六祖一開口就是不思善呢？為什麼一句不思善不思惡，惠明一下就大悟了？這裏的大悟是指有感悟，並不是大徹大悟，那為什麼這樣一句話就有感悟了呢？一般人認識修行即是向善，即是止惡揚善。就是說我把人性當中所有的惡都修沒了，變成純善，一片光明，全是白，我就成為聖人、至聖，就成佛了。我們普通人是不是都這樣認為，一味向善沒有任何一點惡，那就修成了。所以，所有的修行人都在向善，這種狀態就叫思善，也叫止惡，即是所謂的止惡揚善。有人說：「老師，難道不應該止惡揚善嗎？修行人就是應該止惡揚善，最後把自己變成純善，沒有惡不就修成了嗎？」但是六祖惠能反而告訴惠明，一開口就是「不思善」，別去想什麼善。惠明在那兒憋了老半天，想著惠能肯定開口即說善言，一張嘴為我講經說法，肯定是讓我怎樣更好的止惡揚善，一定的。結果惠能一開口就是不思善，你別去想這個善！惠明肯定「砰」一下被打懵了！

他的慣性是什麼呀？他為什麼從殺人無數的將軍，後來出家為僧？不就是因為覺得殺人是惡，出家就是為向善來的。心生菩提，為了向善我才出家。而且都能想像，他出家研究佛經佛理，看到的肯定全是善，貪嗔癡慢疑、殺生、邪淫、妄語、偷盜、飲酒這些都是惡，

他一定要摒除這些惡，一味的向善，一定是這樣修的。而且已經形成一個強大的慣性模式向著善，要止惡揚善。

但是惠能開口就告訴他不思善。所謂的善是什麼？不僅是做好事，而且包括對是善、美是善、白是善、光明是善等等這些都是我們認為的善。「砰」的一下告訴他不要想所謂的善，「所有你認為對的、美的、光明的、應該的，這些你要放下它，不要去想。」這句話對惠明來講，如雷貫耳！顛覆，太顛覆了：「我修佛難道不是為了行善嗎？佛難道不是至善、至白、至光明、至美、至完美嗎？那才是佛，才是聖人啊！不然我修什麼呢？」

這一下打過來，他還悟什麼、怎麼悟啊？一下就憋在那兒了！不思善：光明、美好、完美、白、對，所有這些應該做的，應該去追求的方向，都要放下它。不思惡：與善相對的，黑暗、暴力、醜、黑、錯的、不應該的，也給它放下。當你把對的放下，把錯的也放下，兩邊都放下了，告訴我現在你的狀態是什麼。

都放下……立刻就懵了，就覺得哪兒有所觸動，但又說不出來，所以惠明半天沒說話。這就是一下打回內心，把自己原有的模式擊碎，但是新的模式還沒建立。所以他還沒悟，這叫有所感，並不是大徹大悟。當講到這兒，惠明還有點感覺，你看這一段的時候，有感覺嗎？有的同學一看到這兒，立馬感應就來，莫名其妙的流淚，馬上身體巨震，那就是當下即悟。這種悟不是大徹大悟，是對自己原有模式的一

種衝擊。

　　但是絕大多數的同學看了就看了，一點感覺都沒有。為什麼？就是迷障太重，這句話根本透不進去，根本透不進你的模式，可能根本就沒有碰觸到你的模式。你還是以慣性的模式在走，只是聽了一個理，只是在用頭腦理解這個理，分析這個理對還是不對。即使分析認為這個道理是對的呀，也全是頭腦，根本就沒有入心。看完這段，該做什麼做什麼，該怎麼分別還是分別，該怎麼比較還是比較，該怎麼判斷還在判斷，你的模式一點都沒有改變，也就一點感覺都沒有。

　　正因如此，所以需要好好的修助行，好好念佛、好好念咒、好好打坐、好好放生、好好吃素、好好禁欲，走這些苦行的路，去消你的迷障，消你的業。

　　有人疑問：「怎麼回事，為什麼不讓思善？難道對的不應該去做嗎？難道就要做錯的嗎？」問這話時是不是就偏了？六祖說，你對的也別做，錯的也別做；好的不做，壞的也不做；黑的不要去做，白的也不要去做，這些都放下的時候，都不去想的時候，我們怎麼做，我們處於一個什麼狀態？

　　大多數人都會這麼麼想，修行就是把惡、壞、黑暗的修掉，把光明、好、愛修回來，就應該做好的、止惡揚善、純光明、純白，然後就成佛、成聖人了。是這樣嗎？這裏，我們先來看一下太極圖（如圖）。

我們傳統的觀念，我如果要成聖要成佛，這個太極我們要修到什麼狀態？我們現在也許偏惡一點，也許偏善，大概居中，這是正常人的範圍；黑到極端，全黑即是大惡；白到極致，全白即是大善。開始太極圖畫的相對平衡，我們作為正常人來講的話，我是在偏善這個角度，就白比黑稍多一點，我就是普通人嘛，不是聖人。那我是不是把惡越修越少，即是黑越少，白越多。白代表著善、美、光明、愛、理性、完美、對、應該；那黑就代表惡、醜、黑暗、恨、瘋狂、不完美、錯、不應該，都是相對的。我們認為的修行，即止惡揚善，就是越修黑越來越少，白越來越多，把這些黑都修掉，越來越白，越來越光明…… 就往極白、全白的方向走，這就是修行的過程。

太極圖就是一個人，黑白相合為完整的一個人。看見沒，經過一段時間修行，一再堅持的修下去，每日三省吾身，「我今天又做了什麼惡，這五大戒怎麼沒守住，哪兒沒做好，我得堅持修下去」。把黑越修越少，惡越來越少，不斷的修，快修沒了；我的白越來越多，善越來越多，越來越完美，越來越光明，繼續修……當我修到極致之點

的時候，就全白了，就徹底完美、純善了，所以如果我修到這兒，就成聖人、成佛了。

按照正常來講，我們是不是這樣理解，這就叫止惡揚善，最後全都是善，都是光明，都是愛，滿滿的愛，無比的光明。這個時候我一下就成佛了，就是至聖至佛。但是我們再仔細想一想，再仔細看一下太極圖，是這麼回事嗎？是修到極白、全白，就成佛嗎？你看一下太極變成了什麼？是不是變成純白、純光明，不覺得哪兒有問題嗎？修行的路是這條路嗎？最後就變成全白？

首先，成不成佛我們先放一旁，我們說的是這種狀態，從太極來講這種狀態是什麼狀態？是一個極端的狀態。如果從自然規律來講，這種狀態存在嗎？純白的狀態是太極可以長久存在的狀態嗎？如果說我們的手是一個人，是由手心和手背組成的，純白等於我只要手心，手心是好的，那麼手背就是壞的，我只要手心不要手背，現在這個狀態等於完全就剩一個手心，手背消失不見了。然而沒有手背，有沒有可能還有手心呢？

如果從陰陽的定律來講，陰陽有兩大定律，第一個是「物極必反」定律。黑和白本來是一半一半，是正常的一個平衡，但如果我不要黑，只要白，就打破了平衡。我不斷的把黑取締，只要白、只要善、只要完美、只要對、只要美……那所謂的手背在哪裏？不美的、黑暗的、所有不要的部分能消失嗎？它們不會消失，它們在哪裏？是不是就被

壓到太極的後面，但它一定會在，能量守恆定律告訴我們它不會消失。當事物極致的時候，規律就是物極必反，當馬上要全白的時候，其實後面壓的巨大力量就在那一瞬間會反過來吞噬，整個人就會被黑所吞噬。即是說最後的時候，物極必反定律就會啟動，不但全白不了，而是一下就會大反轉，一瞬間變成全黑。

陰陽兩大定律還有一個是「孤陰不長，獨陽不生」定律。就是說如果沒有大反轉，黑就是消失了的情況如何。還是像一隻手，由手心手背組成，手心是白，手背是黑，當我的手背最後消失的那一瞬間，我的手心能存在嗎？肯定不能存在，手心與手背都不可能單獨存在。如果手背要消失，而最後那一瞬間手心沒有消失，就會啟動物極必反定律；如果手心也消失了，那就意味著在那一瞬間，手心和手背同時消失！在太極中，白是陽、黑是陰，當陰消失的同時，獨陽無法存在。這就叫做孤陰不長，獨陽不生，陰陽轉化關係的又一個定律。

所以，如果從陰陽兩大定律來講，要嘛極端存在必是反轉，要嘛麼就是全都消失不見。當你修太極是按照追求全白的方法去修的話，最後一定會走到這個極致點，也就必得應上這兩個定理之一。如果應上前面第一個定理的話，你是在向所謂的佛和聖人的方向去修，但你修到這個點，再繼續下去，就一下大反轉成全黑，變成魔了。你修佛，反而修成了魔。要嘛你修到這個點的時候，黑消失了，但是同時你這個人也沒了。這種人沒了可不是虹化，而是消亡了。

從太極的角度，這兩種狀態都完全違背太極的規律。一個事物如何才能長久？怎麼樣才能達到所謂的最完整、最完美的狀態？一味向白的極致之點努力，太極能長久嗎？其實在太極圖上一畫，我們就清楚。佛法也好，道法也好，儒學也好，一再告訴我們要平衡，而不是走極端。但是現在所有的修佛、修道、修儒的人，是不是全都在走著向善的極端之路呢？天天喊著止惡揚善，為什麼會這樣呢？

第二節｜正者為善邪者為惡　極白聖人導向人類劫難

失前曾問過大家，對善惡是怎麼理解的，怎麼定義善惡？理解不了善惡，不清楚什麼是善，那就一定不知道什麼是惡。你在不知道善惡的情況下，每天還在做著止惡揚善的事，難道不是盲修瞎練嗎？天天都口吐善言，高喊著善的口號，結果奔向魔路。你自認為馬上就要成聖人的時候，其實馬上就要成魔，一個大反轉就出現了，這就是修偏了。這就是波旬所說的，口吐善言，行的反而是魔道，最後你不是變成佛子佛孫，而是變成了魔子魔孫。或者你就消失了，在這種狀態下會死得很慘，但絕不是虹化。

虹化是一種什麼狀態？聖人、佛、道家的真人，究竟應該是什麼狀態？太極又應該是一個什麼狀態？真正一個太極要想長久的話，一定得是陰和陽平衡的狀態，絕不可以是獨陽或者孤陰的狀態。追求全

白就是思善、向善的狀態。由於陰陽兩大定律的存在，一個代表人的太極變成全白，佛、聖人肯定不是這種狀態。因為這種狀態或者是不存在，或者就會變成魔。但又有幾個修行人能悟出此理。所以真正的修行，不清楚正的方向就很容易修偏，最後萬劫不復、修成了魔，自己都不知道為何。

哪個點才是我們應該追求的點，才是修行的方向點？全白的極致點肯定不是，陰陽定律裏面，我們追求的是陰陽平衡，哪個點才是平衡之點？太極正中間這個點，才是守中之點、平衡之點。既白，一邊是陽；又黑，另一邊是陰。陰和陽最平衡的點就在這裏。所以當達到這個點的時候，太極整體才會平衡。大家看看這兩個點，一個平衡之點，一個極白之點，藉由太極圖上所見，修行應該往哪個點走，可以一目瞭然。

現在所有的人，都在往這個極白之點上修，一味口吐善言、行善法、做善事，魔都出自於這種所謂的修行人。人類歷史上，所有對人類造成重大傷害和劫難的，都是不斷的追求著完美、追求著善的所謂的聖人。一定是這種人才會帶領人類走向劫難，他們口吐善言，行善法做善事，天天導人向善，但是這樣的人最容易偏執，最容易成魔。歷史上真正有能力給人類帶來大劫難的，絕不是黑社會小混混，也不是口吐惡言、動不動就砍人殺人的人，那樣的人沒有號召力；只有口吐善言，天天做著好事，行著善法的人，才能引起大家的共鳴，才能

讓大家跟著他走，才能造出那種大運動、大戰爭、大劫難，就是因為大家都覺得他是聖人。

老百姓都從善如流，誰善跟誰走。而這種人一味的行善做聖人，追求聖人，當他到達極白之點的時候，即接近全白即將大反轉的時候，老百姓可不知道，到了這個點他已經大反轉了，但是老百姓看到的他還是全白，還在跟著他跑，其實他的內心已經變成魔。這個時候他再呼籲劃分類別，我們這一類人是正義的，為了全人類，要殺掉違背人類的那一類人，運動就這麼起來，戰爭就這麼發動，浩劫就這麼出現了。所以一定是在這種所謂的聖人帶領下血流成河，表面的聖人，其實內心已經成魔。希特勒就是個典型的例子。

現在我們知道希特勒挑起了二戰，死那麼多人，那是個大魔。但是在二戰之前，希特勒是魔嗎？看看納粹黨當時是怎麼為人民服務的。為什麼當時那麼理性的德國人能夠全力支持他？希特勒平時都是完全無我的，一戰的戰鬥英雄，為國家戰鬥最勇猛，最後負傷失明，得到鐵十字勛章；戰後只要他一演講一說話，全都是為國家、為民族，從來沒為自己做一點事。希特勒吃素，不近女色，特別自律，張口就是國家民族，大公無私，是不是極像聖人。

德國是一戰的戰敗國，在二戰之前德國經濟馬上就要崩潰，希特勒帶領著納粹黨，僅用了幾年的時間，德國經濟就恢復了。如果沒有二戰，希特勒是不是個英明的君主？為什麼突然之間發動二戰，然後

開始殺猶太人，殺了接近一千萬的猶太人？這是不是極白聖人大反轉了？但是大家依然以為他是聖人，他振臂一呼，說猶太人是地球人的病毒、下等人，殺他們就是為了全人類更好的活。結果德國人都扛上槍，老弱病殘都奔赴戰場，為正義、為人類去戰鬥。這是不是就是在聖人的引領下，結果人類生靈塗炭。

遍查歷史，所有只要是有人帶領，給人類造成塗炭的革命、戰爭、運動、浩劫，全都是在所謂聖人的引領下。就像希特勒，我們現在說他是惡魔，如果他還活著他會承認自己是惡魔嗎？不但不會承認，他一定會說我是為了全體人類、為了人類更好的發展，更光明的歷史，我才拋頭顱灑熱血，犧牲自己。他一定覺得自己光輝偉大，會不斷的向這條路上走，到死都不會認為自己是魔、是在做壞事。但是，我們現在知道其實他是個魔，就是一個偏執狂。

偏執於惡，那肯定是大惡。但偏執於善呢？其實一樣是大惡。所以，善惡怎麼區分？我們問了這麼多遍，你知道什麼是善，什麼是惡了嗎？如果善惡都不分，還天天止惡揚善，最後一定會走向成魔的那條路。善惡明瞭，是非也就明瞭，我們就知道應該怎麼去做事，不然現在我們也不知道怎麼做事。

我們在說惡字的時候，一定連著一個字，叫邪惡。善和惡是對應的，那邪與什麼對應？邪與正對應，邪者為惡，正者為善。絕不是做好事就是善，一味分享是善。什麼叫邪，什麼叫正呢？不偏不倚為正，

正者為善；偏執者為邪，邪者為惡。那什麼才是不偏不倚、正的狀態呢？我們在太極圖中看，哪種狀態、哪個位置是不偏不倚，是正？哪個位置是偏執，是邪？這個居中之點，就可以做到不偏不倚，相對任何方向都是等距，整體上是不偏不倚，這個點就是正，也就稱之為善。哪個位置是邪、是偏呢？除了這個居中之點以外全是偏，所有其他的點都是邪、都是惡。偏向於黑暗是惡，偏向於光明一樣是邪、一樣是惡。光明本身沒問題，你偏執於它就有了問題。

所以止惡揚善真正的意思是，要放下這些偏執，向著居中之點不斷的努力來修，而不是向著偏執的點去走。不是一味的向善，一味的純白。真正的修行，是要向著居中之點、平衡之點去走，走到這個點才是真正的善，其他都是邪、惡。你看你現在是偏向於哪裏，如果偏向於欲望、貪嗔癡慢疑、殺生、妄語、偷盜、邪淫、飲酒，那你就要一點一點修，往居中之點修，放下、放下，向著這個點相對平衡；你如果現在天天仁義道德禮智信，天天光明，天天做好事，天天行善，天天分享，天天放生，要注意這也偏了，也得往居中之點走，放下那些執著。不思善不思惡，你就自然歸於這個點。這就是六祖惠能在點化惠明「不思善不思惡」，哪個點是既無善又無惡呢？只有居中之點。

不思善不思惡的時候，你是什麼狀態呢？那個就是你的本來面目，也只有在這個居中之點時才是你的本來面目。絕對的這個點，就是儒學所說的無極，道家所說的無為，佛家所說的涅槃，我們都是從這兒

來的。在這兒一念無明，開始不平衡，整個太極不平衡，陰陽不平衡，我就開始不斷的動，我就成人了。無極生太極，太極一不平衡，兩儀分化就成了萬千世界，人事物就這麼出來，我也是從這兒出來的。然後我們修行，往哪個點修。其實，現在我已經不平衡了，不斷的在善惡之間來回分別、比較，那怎麼修呢？就要慢慢的往居中之點走，放下那些分別，歸於平衡，這才是我們真正要修的點。

善惡是這麼回事嗎，何以見得？我用聖人的一句話告訴你們是不是這麼回事，我們看孔聖人是怎麼定義善的，「一陰一陽之謂道，繼之者善也」。陰陽的轉化定律這才是道，我們要達到陰陽的平衡，那才是事物最穩定的狀態，這個是道之根。繼之者善也，什麼叫繼之者，就是陰陽如何達到最好的狀態，這就是善的狀態。什麼是陰陽最好的狀態呢？就是陰陽最平衡的狀態，亦即是陰陽最佳的狀態。陰盛陽衰或者是陽盛陰衰事物都不穩定，只有在平衡的狀態，達到居中之點的時候，就是陰陽最平衡的狀態，所謂「繼之者善也」，是這個意思。

儒學最高的境界叫中庸之道，什麼叫中庸之道？即是守中、平庸之道。守中之道，居中之點即是中；中庸之道，即是做事守中，為人平庸。什麼叫平庸？為何要平庸呢？告訴大家，真正的聖人、真正的偉人、真正的佛，都是最平庸的，沒有任何稜角，圓融無礙。怎麼做到圓融無礙呢？既不傾向於陰，也不傾向於陽，還是沒有稜角。越有稜角越偏執，越有稜角越不平衡。

真正的高人你看不出他是高人。一眼看出是高人、是大師的，那是修得不到位的表現，比如我額頭上有表法印記，一眼就看出是高人，那還修得不到位。但這是有個過程的，一定首先是從凡人，修到高人、大師，但表面還能看出來，然後再慢慢的收斂、收斂，收斂為凡人，那才是真正的大師，我現在就在向著這個方向修。但是這種平庸不是有意識的，不是說穿得特別平庸，故意不讓人看出是大師，那都是你的頭腦想的。人家一看你的臉、你的眼神，精光四射，這不是凡人，一定不是正常人、不是普通人，這就是修得還不到位，只修出了形，未修到神。真正修成神的狀態，一定是形也內斂，神也內斂，都向內歸，表面上到後來怎麼看就是一個平常人、普通人，那時的境界才真正達到最高，才是真正的大師。所以儒學講究的最高境界就叫中庸之道。

　　道家講的修行最高境界叫陰陽平衡之道，道家就是講陰陽五行八卦怎麼平衡；佛家的佛法修行最高階段叫中觀，還是一個中，最後歸於涅槃清淨，居中之點即是最清淨，那是中觀之道。都不離一個中字，這個才是修行應該走的路，這個才是所謂的善。所以六祖惠能說，「不思善不思惡，放下這兩邊，這都是偏執。不思善不思惡，就到達居中之點，這個時候你的狀態就叫本來面目，你給我說一下，現在你的狀態是什麼？」惠明一下感覺有所悟，但其實沒悟，然後睜開眼睛就問：「大師，難道五祖弘忍就給你傳這些嗎，還有沒有別的？」其實，你要再問別的，就說明沒悟。哪還有別的！所有的修行至理全在這兒，但是悟不出來呀！悟不出來怎麼辦，就是頓悟不出來怎麼辦，那就漸修吧！

第三節｜意識邏輯割碎智慧整體　禪定破迷回歸平淡本真

　　上面我們講到「不思善不思惡」，也就是說真正的修行本體，所謂放下分別，就是既不執著於善，亦不執著於惡，沒有善惡、沒有評判、沒有分析、沒有推理，本來面目就呈現了。本來面目是什麼呢？即清淨的本性就會顯露出來，之後就了了分明，什麼都知道。這個時候，我們的意識和潛意識，也就是腦和心就連為一體。

　　我們的一切都唯心所造，都是心造出來的，我們的心萬知萬靈，什麼都知道，但是我們為什麼在現實中又什麼都不知道呢？都是一片茫然、一片困惑呢？因為萬能萬知的心發出的訊息，被我的意識、我的腦不斷的判別所遮蔽。由於腦，也就是第六識，即「意」，意識的存在，就有分別、有取捨、有判斷，判斷的過程就是屏蔽的過程，所以萬知萬能的心發出來，所有最真的訊息就被遮蔽，我們就不知道了。而我知道的都是自己認為的，自己理解的那一部分，那太狹隘了。

　　我無法看到事物的全貌，自己理解的、自己認為的部分叫邏輯，而心發出來的是一個整體，任何一個事物出現的時候，只要我們一聽說，立刻我的心就發出來這個事物的整體，包括整個事物的發展趨勢、發展方向，當下是什麼樣子，後面怎麼發展，最後結局是什麼樣。比如說一個計畫，剛提出來時，其實我的心就已經把整個計畫的立體呈現出來，這叫即時性、共時性。心呈現出來然後經過大腦，這時如果

我們的意識放下分別，不加判別、不加取捨，心中有什麼，就讓它直接呈現出來，這時心和腦就是合一的。腦、意識不障礙心，心就能把事物的整體呈現出來。

一旦我的左腦有分別判斷、有邏輯性，因為邏輯性是一條線，馬上就把整體變成線，直接就把整體屏蔽。呈現出來的，則是左腦按照自己的前提、要求所認可的。左腦是意識，而意識是過濾、是門衛，只允許它認同的東西進入到我們的大腦，進入到我們的中樞神經。本來我們每一個人，都是萬知萬能，都是了了分明，也即是說佛性每個人都有，「菩提自性本來清淨」，不需要去學什麼。但是為什麼還要修行呢？本來清淨萬有，但被左腦即後天的意識，由於執著與妄想形成的巨大分別，然後形成邏輯，把右腦先天呈現出的整體、立體的訊息，直接割裂變成線性。一旦變成線性，就只能看到所謂的因果，只能看到當下的一點，背後的根本看不見，這就是現實，這就是意識。

意識的狀態是碎片式，而心發出來的是整體，所以我們強調修行的本體一定是放下，放下邏輯，放下判斷。好多讀者理解不了，我為什麼要放下邏輯？邏輯很好啊，沒有邏輯性，沒有理性能行嗎？什麼事都憑感覺嗎？不是的！這不叫憑感覺，智慧生出來、流露出來的時候，不是說我們第一時間好像是一種感覺，那種感覺很多都是假相，那還是在你自動思維的狀態下形成的一種邏輯，只是你推理、分析、判斷時間特別的快，一瞬間在頭腦當中就走了一遍，當時感覺挺好，

但是一做就失敗。很多人所謂憑第一直覺，但第一直覺那不叫智慧，是兩回事。當你放不下的時候，是沒有智慧的，智慧流不出來，一流出來就被你的意識給遮蔽，然後就都是在分別的狀態下的一些妄想。

你認為自己好像都放下了，那只是第一時間冒出來的意識感覺。比方說，這支股票能買嗎？老師講了不去分析、不去判斷，就憑感覺，第一感覺能買，結果買了以後就虧了。其實這根本就不是智慧流露，完全不是一個概念。真正的智慧，和妄想不一樣，是不可以用語言來很明確的表達的。但是當智慧來的時候我們是知道的，心清淨的狀態我們是知道的，言語表達不出來，但是我們知道這就是智慧，而且特別堅定。這個股票不能買，絕對不能買，沒有、也不知道為什麼，但是就是不能買。智慧和妄想完全不一樣，這只有自己去感受、自己去感悟。

惠明在問六祖惠能，到底從師父那裏學到什麼，祕密的教你什麼了？六祖惠能告訴他，「屏息諸緣」即放下一切外緣，「一念不生」就是不於境上生心，不於念上生念，良久之後突然一下「不思善不思惡」，那麼這個時候明上座是什麼狀態就是「明上座的本來面目」。這一句話就已經把佛法精髓的一切都講明白。然後惠明還不甘心，繼續問除了這個還有密法密意嗎？難道就這麼一點、就這麼簡單嗎？其實這就已經不簡單了。

這種狀態其實就能解釋一種現象，現實中有一些通靈的人好像神

仙似的，預測得特別準，那他們是怎麼預測這麼準呢？他們以前就是普通人，基本上都有類似的經歷：要嘛一下得了重病昏迷三天；要嘛出車禍，一下把頭撞了；要嘛受到強烈的刺激失去意識，瘋了一段時間，……這些失去意識的情況，醒過來以後就發現變了一個人，就有特異功能了，看見鄰居時直接就告訴他：「你家三天以後注意灶台，灶台要失火。」告訴另一個人：「你爸爸的身體要注意呀，他活不過這三個月。」結果真是鄰居家灶台三天後著火，另一個人他爸真就沒活過三個月。見人張口就說得都很靈、都很準，好像是昏迷、瘋了一段時間，結果回來以後變成大仙，大家開始信奉他，又說是仙家附體，觀音菩薩點化，就成神仙了。

其實我們講到這裏，就知道這個現象怎麼回事了，現實中這些所謂的大神兒、大仙兒是怎麼來的。沒有什麼神奇、沒有什麼神祕，他知道那些事，知道過去、現在或者未來，其實是他進入了一種狀態，頭受傷、昏迷、瘋了，這些都是放下意識的狀態，透過外在的刺激把原來的思維和行為模式一下打亂，舊的模式打亂掉，新的模式還沒有建立起來，這個時候就呈現一個空白期，就是放下意識的狀態。在放下意識的狀態時，他的心都是萬知萬靈的，什麼都知道，了了分明，這時看任何事沒有任何遮蔽，心一生出來，脫口而出結果就出來。原來的意識被打掉，新意識還沒建立，張口就能把人的過去、現在、未來說得清清楚楚，使人特別震驚。

其實這種不是什麼大仙，現在我們知道，每個人都有這樣的能力。為什麼你這種能力沒有呈現出來呢？就是因為你原有的意識，原有的思維模式、行為模式，有太多的對錯、分析、判別。你把自己那顆了了分明的心徹底封閉、屏蔽，心發出的任何訊息到你的大腦，本來是一個立體整體，一過濾變成一條線，變成了一個邏輯，事物真相你根本看不見。現代人還著重去練邏輯性，其實不可以。中國人的思維模式、行為模式是整體性的，是形象思維，是神授的思維。形象思維可不是低級思維，形象思維是神授的、最高級的思維模式。可中國人現在基本上已經把形象思維放棄，不知道怎麼用了。一味向西方學習邏輯思維，覺著邏輯越強，越有條理，做事越分明，決策就越正確，這完全是錯的，而且大錯特錯。

這些大仙兒還有一種現象，一開始的時候看事特別靈，等過個半年一年，特別是幾年後，就發現逐漸不靈，慢慢的不準了。為什麼不準呢？現在我們就知道原因了，因為他前面原有的思維模式、意識的模式被改變，新的模式沒有建立起來時，他說的就準；後面恢復意識，慢慢又建立起自己一整套新的思維模式、意識模式、分析比較模式，他的左腦又開始屏蔽右腦，腦、意識又開始屏蔽心了，所以越來越不準。

有人說：「老師，那知道這個理，我一直放下不就行了？」因為他這種狀態不是修行修來的，他不是有意識的按照一定步驟修出來的。是偶然受傷、生病、昏迷了，才把原來的意識拋下，意識怎麼沒的他

也不知道，為什麼能張口說出人家家裏的事他也不知道，一切都不知道。他在理不通的情況下，偶然達到這種不思善不思惡的狀態，突然就有了這樣的功能。

　　一點一點的建立自己新的意識模式，他也不知道在建立，後來按照新模式把立體的整體又變成線性的邏輯，他就跟常人一樣了，這個時候功能怎麼失去的他也不知道。已經說不出靈感，已經沒有智慧流露，但人來求時他還得堅持，不靈也得說下去，好多人後來就開始騙人。他們沒有經過一個完整的系統訓練，不是修行人。這樣的人在民間太多，所以不要去信這些大仙兒，你不知道他什麼時候把他的模式重新建立起來，當他的意識模式建立起來以後，他再說的話就是胡編亂造，跟咱們正常人是一樣的，他的智慧就沒有了。

　　我們不是要向這個方向去求，是藉由講解現實中這種常見現象，從而知道是怎麼回事，知道了以後要走向一條修行的正路。那我們要怎麼修，讓自己昏過去嗎？即使昏迷了，醒來以後不見得以前的模式就被打掉、被壓下去、沒有了，那種情況是極少數。把腦袋弄傷、昏迷，也可能醒過來就瘋了，或者永遠醒不過來變成植物人了，所以那種狀態可遇不可求，不能用這種方式去修。

　　真正的修是修禪定。修禪定是讓我們有意識的透過修行，回到本來的狀態，即是自性的狀態。當我們知道了心是什麼，是怎麼回事的時候，下一步就是見性，所以明心見性就是禪定的基礎。

修禪定是有意識的放下我們後天的分別，讓我們不離自性，自心智慧常常流露，那時你就是大神通，天眼通、天耳通、神足通、他心通、宿命通、漏盡通，這些自然而然的就呈現出來。你和宇宙的萬事萬物直接可以溝通，就開啟了所謂的天眼模式。什麼叫天眼模式？你首先要知道天是什麼，天在哪裏？在天這個領域開了你的眼就叫天眼，現在你都是肉眼。肉眼是在當下現實世界我們的眼睛，肉眼只能看到現實世界的一些東西，而現實世界都是虛和妄，都是假相，所以你的眼睛就是假眼，叫夢中之眼。在夢中，我們根本就看不見萬事萬物的真相，看不見本質。我們開出天眼以後，才能看到世界的真相是什麼。

　　就像電影「黑客帝國」（台灣譯名「駭客任務」）一樣，你在那一片程序當中是程序的一份子，是被人設計的，你在程序中好像也是開了眼睛，看得很清楚，但是你看見的所有東西都是虛妄的，是被別人設計的，是遊戲中的。你看見的牆是遊戲當中的牆，看見的人是遊戲當中的人，人與人之間的關係，包括你的命運都是遊戲當中別人給你設定好的，你能看見什麼真相，所以你的眼睛就是夢中之眼。真正的真相是什麼？你得跳出遊戲，看到設計遊戲的那個人，回過頭來，再從遊戲設計者的高度去看整個遊戲是怎麼設計的，此時打開的那個眼睛就叫天眼。

　　如果你是遊戲的設計者，那你在看遊戲的時候，就是「跳出三界外，不在五行中」，所有人的命運都在你的掌握中。每個人下一步要

做什麼，能不能做成，你都能看得清清楚楚。看一個人再往前走有可能就是大深淵，你不想給他這個大深淵，就給他把深淵變成寶藏，從此這個人的命運就改變。要嘛他就落入人生最低谷，要嘛一下就發了巨財，這是不是都掌握在遊戲的設計者手裏。什麼叫救世主？「黑客帝國」那個救世主不就是掌握了這個嗎？人家就是開了天眼。

你為什麼從遊戲當中出不來呢？我們就說夢，古人沒有遊戲的概念，古人只有夢的概念。怎麼進入到夢中的？為什麼在夢中出不來，叫也叫不醒？因為你以夢為真，以遊戲為真，你執著於遊戲，執著於這個夢，執著於遊戲中的一切、執著於夢中的一切，哪怕再痛苦；不僅執著於當下，還對遊戲下一步的發展有無限的妄想。執著於當下，放不下情愛、放不下怨恨、放不下財富、放不下貪嗔癡慢疑、放不下遊戲中的一切、夢中的一切，又幻想著後面如何發展，這就叫妄想。一個執著一個妄想，把你深深的局限在遊戲和夢裏。這樣的人拉都拉不出來，即使是觀音菩薩在外面跟他說，你這樣太痛苦，這只是一個遊戲，是假的，這都是自己的感官的感受，不是真的，你快出來吧。但是怎麼叫也叫不出來，哪怕再痛苦，他都在執著和妄想中，你絕對叫不出來。這樣的人就是迷人。

現在我們每一個人都是迷人，都陶醉於當下，這叫迷在當下、執著於當下。哪怕再痛苦，必有當下讓你留著、不去打破這個夢境的理由。有人問：「老師，都痛苦成那樣了，難道還不解脫？怎麼就放不

下呢？」一般痛苦的人都是怨和恨的人，越怨越恨的人，越分別越固執，執著越強。他放不下恨，放不下怨，要讓他把怨恨都放下，他就得去死。還有的人是放不下情和愛，你要讓他放下，那他同樣還不如去死。

有人不理解：「老師，情愛放不下，我能理解，但怨恨放不下，我理解不了。」其實沒什麼理解不了的，就像我們吃東西一樣，有的人就喜歡吃香的、甜的，那種香甜，就是我們放不下的情愛；有的人就喜歡吃臭的、辣的、酸的，像麻辣火鍋，麻辣得受不了，但他還得吃，吃完當天辣得不行，一天以後辣勁過去，第二天又想去吃，這就相當於現實中的怨和恨。我們既放不下香又放不下甜，放不下辣又放不下臭。臭還放不下？比如榴槤，叫水果之王，不就是最臭的嗎？臭豆腐、皮蛋，都是最吸引人的，都放不下！

真正能放下的是什麼？人放不下香甜辣臭酸，越刺激的越放不下。就能放下那些平淡的，因為平淡的大家都不去追逐，都不想要它，最平淡的是大家最不想要的。在飲食當中最平淡的是什麼？最平淡的就是白開水。可樂、飲料，那些甜的、刺激性的碳酸飲料之類的，沒完沒了的喝，喝一口還想喝，喝一瓶還想喝，再看水，不到需要的時候都不想喝。中國人天天在喝茶，外國人天天在喝咖啡，一天也離不了。但茶和咖啡全是苦的，這就是人的放不下，越苦越覺得好，咖啡越苦，味道越濃，越覺得好，茶也是一樣。那不就相當於現實中的怨和恨嗎？

你放不下！

不要以為佛法老師一教就明白，放下情愛、放下怨恨，直接就不思善不思惡了。我告訴你，不思善不思惡就是我們喝白開水，一點味道也沒有，你願意喝嗎？不渴到一定程度才不會喝，喝也是一小口解渴了就行。誰去求白開水，誰會放不下白開水？其實所有的這些各種飲料，最本質的就是白開水，清清淨淨的白開水是最本質的東西。外面所有再加的東西，全都是被意識化的，都帶著分別。其實白開水是根本，就應該回到本來，白開水對人的身體是最好的，所有各種飲料，對身體一定都有副作用，尤其加了化工的添加劑，人體根本就消化不了，對人絕對有害，我們知道有害但是放不下，不是這個道理嗎？知道有害也放不下，還得去喝碳酸飲料、刺激性的飲料。

這就像修行，修行讓我們回歸本來，修行讓我們回到沒有執著、沒有妄想的狀態。回到本來是什麼？就是白開水！你每天喝白開水就行，不去生產那些飲料，不要加各種刺激性的味道，那些都是不究竟，那些東西你都看不到本來，都對你身體不好，但是放不下。古人沒有現在人工添加的飲料，但是他喝茶、喝咖啡，都是天然的。雖然古人是去找天然的刺激性的東西，但其實是一個道理，很難放下。這些刺激性的東西，才是最讓我們執著，最放不下的。

當我們離開世間那一天，我們忘不了重慶的麻辣火鍋，忘不了可樂碳酸飲料，這些最刺激的東西我們忘不了、放不下，所以我們再來

的時候又成了人，還是想著麻辣火鍋的那個辣，想著榴蓮的那個臭，還想著臭豆腐，還想著皮蛋，沒有誰是想著喝白開水再回來做人的。這就是真相。

佛陀一再告訴我們，只要放下，放下對這些刺激物和外來添加劑的依賴，回歸本來，佛性自然流露，佛性即是智慧，自然而然就流出來。但是放不下呀！現實中的飯店，一定是口味最濃的、越辣越麻的生意最好，口味越清淡的飯店越沒有生意。這就是人間百態，看不透就是迷人。

書到此處，可知《六祖壇經》大智慧帶我們走向圓滿人生，回歸清淨本來，教我們破假尋真，識得善惡，知曉天地。我輩國學智慧的修習者，中華文明的傳燈人，自當積極進取，以心印心隨順教化，引領眾生破迷開悟。

明公啟示錄

解密禪宗心法——從《六祖壇經》行由品談起 (二)

作　　　者／范明公
出 版 贊 助／黎少芬
主　　　編／張閔
文 字 整 理／陳屹立・孫欣
美 術 編 輯／申朗創意
責 任 編 輯／林孝蓁
企畫選書人／賈俊國

總　編　輯／賈俊國
副 總 編 輯／蘇士尹
編　　　輯／高懿萩
行 銷 企 畫／張莉滎・廖可筠・蕭羽猜

發　行　人／何飛鵬
法 律 顧 問／元禾法律事務所王子文律師
出　　　版／布克文化出版事業部
　　　　　　台北市中山區民生東路二段 141 號 8 樓
　　　　　　電話：(02)2500-7008 傳真：(02)2502-7676
　　　　　　Email：sbooker.service@cite.com.tw
發　　　行／英屬蓋曼群島商家庭傳媒股份有限公司城邦分公司
　　　　　　台北市中山區民生東路二段 141 號 2 樓
　　　　　　書虫客服服務專線：(02)2500-7718；2500-7719
　　　　　　24 小時傳真專線：(02)2500-1990；2500-1991
　　　　　　劃撥帳號：19863813；戶名：書虫股份有限公司
　　　　　　讀者服務信箱：service@readingclub.com.tw
香港發行所／城邦（香港）出版集團有限公司
　　　　　　香港灣仔駱克道 193 號東超商業中心 1 樓
　　　　　　電話：+852-2508-6231　傳真：+852-2578-9337
　　　　　　Email：hkcite@biznetvigator.com
馬新發行所／城邦（馬新）出版集團 Cité (M) Sdn. Bhd.
　　　　　　41, Jalan Radin Anum, Bandar Baru Sri Petaling,
　　　　　　57000 Kuala Lumpur, Malaysia
　　　　　　電話：+603- 9057-8822　傳真：+603- 9057-6622
　　　　　　Email：cite@cite.com.my
印　　　刷／韋懋實業有限公司
初　　　版／2021 年 1 月　　初　　　版／2022 年 4 月 2 刷
定　　　價／300 元
I S B N／978-986-5568-18-4